小腳丫遊臺灣

親子同行 樂活旅遊

劉芷溱 文・攝影

本書獻給在天國的爸爸、媽媽，
書中1/3的景點，是爸爸媽媽帶著我們和他的孫女一同出遊。

獻給唯一會為這本書感到驕傲無比的人，
會隨身攜帶，
會照著書本去一一拜訪完所有景點，
會輕描淡寫地告訴所有認識、不認識的人說：這本書是我女兒寫的。
謝謝爸爸，謝謝媽媽。

桃園

新竹

CONTENTS

苗栗

臺中

攜帶物品

- **充足的水、牛奶**
- **衣服多帶 1、2 套**：小朋友會玩水、挖沙、流汗、打翻飲料等，都需要更衣。
- **簡單的醫療用品**：防蚊液、外用的藥膏等。
- **衛生用品**：溼紙巾、尿布、襪子（有些親子場所會要求著襪才能進入，因此不論冬天夏天，建議都放在媽媽包中備用）
- **相機**：若行有餘力，不妨試著拍照，記錄小寶貝帶給家人最純真的笑容以及最無理的取鬧！

交通方式

　　大臺北、高雄因交通運輸發達，搭乘公共運輸是很棒的選擇，也可以機會教育小朋友乘車禮儀。其他地區大部分建議自行開車，若是路程較遙遠，最好可以配合小朋友的午睡時間，或是準備一些兒歌 CD、小餅乾、可分批拿出的安撫玩具、介紹馬路上各式各樣的交通工具等，幫助小孩轉移不耐的情緒。

選擇適合的出遊地

　　不同年齡層的兒童適合的環境不盡相同：嬰兒時期需要爬行墊，大小孩則需要寬廣的活動空間。每個孩子的個性也大不相同，有的偏向靜態，有的偏動態活動：有些小孩可以靜靜地完成 DIY 彩繪；有的則是喜歡具有挑戰性的遊樂設施。依季節不同選擇的景點也有出入，酷暑可選擇玩水、遮陰的沙坑、室內吹冷氣；秋高氣爽則可增加戶外活動。

　　因此，本書除了以地區分類，也詳列各個景點的特性，家長可依孩子的歲數及個性來篩選。以下則是依 0 至 6 歲兒童的發育程度，列出適宜的景點選擇。

0 至 2 歲嬰幼兒

　　父母最手忙腳亂，無法掌控的年紀，小朋友注意力有限，時常哭鬧。景點選擇建議政府公托（親子館）、親子餐廳。

- **政府公托**：限齡 0 至 6 歲，有的還特別設立 0 至 2 歲專區，提供布書、質地柔軟的玩具、輕質積木等，也可免遭大小孩的碰撞。
- **親子餐廳**：提供兒童餐具、哺乳室、寶寶粥、兒童遊戲區等。

　　有自我意識，可以簡單溝通，卻也是「trouble 2、terrible 3」的年紀，情緒不穩定，特別適合公園、農場等開放空間景點。

- **公園**：有沙坑、簡易的遊樂設施，全臺各地也有不少特色溜滑梯。
- **農場**：動物餵食、採果等最受這個年紀的小朋友喜愛，也可參加簡易的 DIY 活動。

　　動作靈敏，喜歡探險，活動範圍更大，可以溝通、約束自我，是精力充沛的小大人，特別適合觀光工廠、博物館、展示館等景點。

- **觀光工廠**：供民眾了解產業文化，多有小朋友喜愛的公仔娃娃。DIY 手作則可以了解各種不同產業的工藝。
- **博物館 & 展示館**：展覽品周圍通常會拉起紅線，禁止進入，這年紀的小孩可接受適當約束，讓家長不會太緊張，而後則可以盡情地在探索區解放！

家長不妨乘坐時光機，放下身段，與孩子一同沉浸在童玩的世界中！

＊注意：門票若無特別標示兒童票，係指 6 歲以下孩童免票。營業時間若寫全年無休，不一定包含除夕及過年期間。

基隆

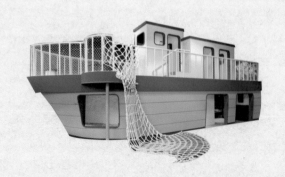

中正區

①

① 中正區 國立海洋科技博物館

　　臺灣有兩座政府設立的海洋主題館，一為屏東海生館，另一座即為基隆海洋科技博物館。主題館內共有 8 大展廳，其中專為兒童打造的兒童廳，每場限 200 人，非常適合小朋友，內有溜滑梯、數位海中賽跑（有多種海中生物可點選，看看是誰跑得快）、捕漁船（可以進入船艙內部休息，船舵操作數位航海）、漁獲扮家家酒、卡通影片播放、海洋繪本閱讀區，還可以進入巨大貝殼內。科學廳有很多動手操作區，適合較大的孩子。如海洋漩渦如何形成？大小氣泡圈的製造、滲透壓的實驗，透過有趣的實驗，讓小朋友更加了解海洋的特性。深海影像廳利用影片和會動的模型，讓觀眾更能深入其境。哺乳室還有特別規劃爸爸專用的育嬰室喔！Artr 彩繪餐廳遊戲區規劃創意積木塗鴉區、兒童故事屋、沙池、戶外彩繪野餐區。從主題館步行即可到達區域探索館，3F 免費入場，入口處有一大片的觀海落地窗，可以看到漁船進出。內部以 1：1 蠟像模型，真實地仿造八斗子早期的漁村、魚市景象。1F 的 3D 海洋劇場，以影片方式介紹海底獨特的魚類、生態環境。

INFO

- 💲 門票 200 元，1F 的 3D 海洋劇場 120 元
- 🕘 9:00～17:00，假日延長至 18:00。公休周一
- 📞 （02）2469-0731
- ⌂ 基隆市中正區北寧路 367 號
- 🚗 臺 62 線瑞芳交流道約 5 分鐘，備有付費停車場；或火車至海科館站，步行約 10 分鐘
- ⓘ 兒童遊樂設施、哺乳室

1 溜滑梯暗藏三個通道，快來找一找吧！2 超人氣的貝殼洞穴居，連大人也可以進入喔！3 珊瑚礁舞臺 4 科學廳有許多操控互動機臺 5 深海隧道

新北

① 石門區
② 金山區
③ 平溪區

五股區
⑤ ④
⑥ ⋯⋯ 三重區
⑦ 板橋區
⑨
⑧
新莊區 ⑩
⑪
⑬ ⑫ 中和區
鶯歌區 ⑮
⑯ 土城區

三峽區 ⑭

　　館內利用許多模型來呈現北海岸的獨特風情：野柳女王頭、豆腐岩、富貴角燈塔及綠石槽等裝置藝術，透明玻璃的地板下方有沙石、螃蟹。迷你潛水艇內是劇院，可以欣賞 3D 影片，一探深海奧祕。數位互動體驗區，有浪板、鐵馬遊、駕駛模型船，另外還有生態萬花筒、魚群互動投影設施。緊鄰在旁的遊客中心有介紹看板，讓遊客認識海洋環境的重要性。前方即為白沙灣，可以玩沙戲水，入口階梯處有簡易的沖洗設備。往北驅車 1.5 公里可到達地中海風格的石門婚紗廣場（濱海公路 24.3 公里），往南驅車 4.7 公里可到達根德水車園區（濱海公路 18.3 公里），入口處有顯目的三連式水車，越過優美的根德橋後，有一座大型的海盜船遊樂器材。若是於夏季傍晚前來，沿途的濱海公路上可見閃閃發亮的船隻，原來是夜釣小管！

INFO

- $ 門票 50 元
- 🕐 9:00～17：00。公休周二
- 📞 （02）8635-5174
- ⌂ 新北市石門區德茂里下員坑 33-6 號
- 🚗 臺 2 線北部濱海公路約 23 公里處，備有停車場
- ⓘ 兒童遊樂設施、哺乳室

1 探索館的模型船 2 模型富貴角燈塔 3 石門婚紗廣場 4 根德水車園區 5 夜釣小管

　　為解決大型作品的存放問題，朱銘從金山寧靜的山林景色找到靈感，決定興建一處展現他畢生傑作，以及能讓大小朋友盡情創作的天地，於是美術館就誕生於依山傍水的園區。館內除了擺放大師享譽國際的《太極》系列作品，還有氣勢驚人的海軍軍艦、展現力與美的運動員、在地化的金山降落傘。戶外廣場全年度開放戲水，旁邊有水泥牆繪圖區。兒童藝術中心有童書、巨型積木創作區，還有保麗龍 DIY 區，可以從繪製草圖、熱融切割、剪黏色紙一步步完成獨特作品喔。大嘴巴兒童餐廳有色彩繽紛的用餐區、舒適的閱讀區，還可用畫筆恣意地在玻璃牆上作畫！玩累了不妨嘗嘗獨特的太極薯片。戶外販賣機賣的不是飲料，而是粉筆！讓小朋友可以沿著步道上的小方框作畫。另外戶外園區還有人間廣場、慈母碑、天鵝池、藝術長廊、運動廣場等。

INFO

- $ 門票 250 元。DIY 材料一份 50 元（館員說也可撿回收桶內剩餘的保麗龍）
- 🕙 10:00~17:00，夏季延長至 18:00。公休周一
- 📞 （02）2498-9940
- ⌂ 新北市金山區西勢湖 2 號
- 🚗 臺 2 線北部濱海公路於北 22-1 鄉道彎入後沿指標抵達，備有停車場
- ℹ️ 兒童遊樂設施、DIY 保麗龍、哺乳室

1 戲水區 2 人間系列－三軍的抗戰英雄 3 人間系列－三軍的海軍 4 水泥牆繪圖區 5 保麗龍 DIY 區 6 巨型積木創作區 7 太極薯片 8 餐廳內部色彩繽紛的用餐區

③ 平溪區 菁桐國小

校園沒有管制，可以自由進出，有多項遊樂設施：火車溜滑梯、城堡洞穴，還有教育館展示以前礦業的歷史。校園內的洗手臺也別有特色，有貓咪、魚骨頭等不同造型，廁所則以青蛙為主題。戶外有長頸鹿、馬、駱駝等動物模型，露天木棧臺是夏天傍晚賞螢的好場所。步行即可到達菁桐老街。

INFO

- 新北市平溪區菁桐街 45 號
- 火車平溪線至菁桐站
- 兒童遊樂設施

9 城堡洞穴 10 火車溜滑梯

④ 五股區 準園休閒農場

　　園區位於車水馬龍的大臺北交流道旁，是都會區內罕見的合法農場。事業有成的創辦人，返回故鄉將五股的垃圾山，著手規劃改造成適合親子踏青的生態農場。室內有蝴蝶生態園區、珍奇動物館、螢火蟲復育室，甚至還有臺灣珍貴的原生魚。戶外有蘭花園區、人工瀑布、溼地生態區，寬廣的草皮上提供好幾個輪胎，玩法千變萬化，任憑小朋友發揮創意，天空中不時還可看到飛機轟隆飛過。園區後方有飼養多種小動物：麝香豬、兔子、家禽；螢火蟲繁殖季大約在 4 至 5 月，可以預約賞螢活動。另有西餐廳供應飲食，此處也是喜慶宴客的熱門場所。為推廣生態教育，園區推出許多優惠方案：集園區 12 個紀念章，可以換免費門票；或是收集不同樣式的門票，有多種好康可兌換；凡在餐廳消費滿 300 元，就可以申辦會員卡一張，下次進園時，一卡可抵五張免費門票！

INFO

$ 門票 2 歲以上 100 元，50 元可抵消費。賞螢報名費 180 元／人
🕐 9:00~17:00，餐廳假日延長至 21:00。公休周一
📞 （02）2810-1969
🏠 新北市五股區新五路二段 70 號
🚗 國 1 五股交流道約 5 分鐘，備有停車場
ℹ️ 兒童遊樂設施、動物農場

1 園內廣植花卉 2 園藝販賣處 3 涼亭裡有一隻熊貓公仔 4 珍奇館中的蜥蜴 5 水族世界 6 蘭花巷

新北

5 五股區 維格餅家鳳梨酥夢工廠

入口旁有多種可愛的迎賓公仔：旺來國王、蛋黃酥皇后、栗子人等。室內超大的鳳梨模型，上面鑲有閃閃發亮的 LED 燈，鳳梨尾端有通往 2F 的樓梯，內部有特殊的數位體驗：鳳梨鑽石從螢幕掉下來、還有彷彿走入鄉村的鳳梨田。DIY 鳳梨酥一定要提前預約；1F 的販賣部提供試吃，還有免費花草茶。

INFO

- $ 2F 50 元導覽費，DIY 鳳梨酥 250 元／6 塊
- 9:00~18:00。全年無休
- （02）2291-9122
- 新北市五股區成泰路一段 87 號
- 國 1 五股交流道約 5 分鐘，路邊停車

7 入口處的迎賓公仔 8 室內超大的鳳梨

6 三重區 幸福水漾公園

占地非常廣，依時令廣植不同的花海，柏油路平坦，適合手推車、騎單車。公園內設有許多浪漫愛情造景：鐘樓、粉紅教堂、鋼琴（真的可以彈出聲音）、天鵝湖等，吸引許多新人到此拍攝婚紗照。另外還有小朋友喜愛騎乘的木頭火車、鐵桶水牛、磨石子麋鹿等。公園中央設有親子廁所，唯此處大樹較少，應避免烈日當頭時造訪。

INFO

- 新北市三重區疏洪十六路
- 捷運三重站 1 號出口
- 兒童遊樂設施、哺乳室

9 幸福鐘，旁邊的大樹下有休閒椅 10 木頭火車

⑦ 新莊區 新莊體育場

　　為新北市最大的運動園區，戶外有陽光大草坪、林蔭大道、親水湖、景觀塔、親水步道、一字排開的搖搖馬、迷宮、數座溜滑梯，有適合幼兒的小型溜滑梯和具有挑戰性的海盜船。公園的照明設備充足，傍晚時分依然可見不少小朋友在此流連忘返。運動中心有設計獨特的綠建築屋頂，民眾可以走上去眺望繁華的市區風貌，3F則有小型的兒童遊戲室。

INFO
- 🏠 新北市新莊區和興街66號
- 🚗 臺65線新莊交流道約5分鐘，備有付費停車場
- ⓘ 兒童遊樂設施、哺乳室

1 平衡盪鞦韆和多種恐龍坐騎
2 海盜船

⑧ 板橋區 林本源園邸

　　臺灣目前僅存最完整的園林建築。園邸建材採用珍貴的樟木，迴廊環繞、園林擺設、漏窗之美，都展現極致的工藝美學，連鳥籠都是匠心獨具的藝術品。江南別院的生態池可餵魚，園內也是流浪書「讀冊吧」交換書籍的據點；假日會有DIY中國工藝系列，如宮燈DIY等。

3 古典雅致的中式園林 4 花園中有石頭搭建的露臺

INFO
- 💲 DIY宮燈100元起
- 🕐 9:00～17:00。公休每月第一個周一
- 📞 (02) 2965-3061
- 🏠 新北市板橋區西門街9號
- 🚗 捷運府中站3號出口，步行8分鐘
- ⓘ DIY中國工藝、哺乳室

新北

藝文特區占地廣闊，廣場上設有一些藝術裝置：愛心隧道、大象雕像，還有火箭造型的溜滑梯，沿途並有不同風格的彩繪牆。醒目的舊中正紀念堂是經典的仿巴洛克式建築，戶外廣場左右兩側有大片白色沙石可玩，但須自備工具，旁邊有簡易的沖洗設備。

台灣玩具博物館珍藏數千種稀奇玩具，操作區的前半部大多為木質玩具，後半部有積木、騎乘玩具車，另外還有多種古早童玩，可以在廣場上體驗。旁邊的圓餅狀溼地故事館，是利用廢棄的圖書館改造而成，共有 2 層樓，小朋友可以透過有趣的拓印、數位學習牆，來認識溼地豐富的動植物生態；假日有行動胖餐車進駐。新完工的新月橋連接藝文特區到新莊區熱鬧的廟口夜市，橋中央有長達 60 公尺的透明玻璃走道，可一覽腳底下的大漢溪；手推車可以暢行無阻。

INFO

- $ 台灣玩具博物館 50 元
- 🕐 戶外 6:00~22:00，展館 9:00~17:00。公休每月第一個周一
- 📞 （02）2968-6911
- 🏠 新北市板橋區中正路 435 號
- 🚇 捷運新莊站 2 號出口，步行 8 分鐘至新月橋
- ℹ️ 兒童遊樂設施

5

6

8

9

7

10

11

5 廣場上的大象藝術裝置，樹木後方有愛心隧道 6 潔白的沙坑區 7 台灣玩具博物館入口處 8 台灣玩具博物館 9 溼地故事館的拓印 10 溼地故事館的數位學習牆 11 新月橋

⑩ 板橋區 逸馨園

　　隱身在南雅夜市的逸馨園，不論是名字或建築外觀都很難想像其有占地不小的兒童遊戲室，整體建築採中國傳統優美的紅磚設計，有小橋流水，也可以在雅致的迂迴長廊餵魚。遊戲區全區鋪上木質地板，有糖果屋、搖搖馬、大型溜滑梯、積木創作、餐廚玩具，假日 2F 才會開放，有電玩設備、益智遊戲、童書繪本；平日有商業午餐。

INFO
- $ 低消大人 200 元，小孩 150 元
- 🕐 11:00～24:00，周六延長至 1:00
- 📞 （02）2965-8080
- 🏠 新北市板橋區南雅東路 45 號
- 🚗 捷運府中站 1 號出口，步行 10 分鐘
- ℹ️ 兒童遊樂設施

1 古樸優美的景觀餐廳 2 兒童遊戲室

⑪ 中和區 私藏不藏私

　　超可愛的日雜小店，店裡販賣許多復古小物：老相機、相機周邊配件、包包、鞋子、多肉植物、琺瑯鍋具、明信片等。提供飲料和輕食，旁邊有兒童餐廚玩具和搖搖馬，還有兩隻可愛的店貓。由於店內空間不大，且有不少精緻小物，比較好動、活潑的小孩可能不適合喔！

INFO
- 🕐 13:00～21:00。公休周一
- 📞 （02）8943-3173
- 🏠 新北市中和區景安路 167 巷 6 號
- 🚗 捷運景安站，步行 5 分鐘
- ℹ️ 兒童遊樂設施

鄉村風格的小店

新北

以麻糬起家的手信坊，結合日本嚴謹的製菓技術，展現更精緻的米食產品，館內提供試吃非常大方。園區主要以日式風格打造，1F 為販售區，櫻花大道上有簡易的日本童玩；2F 為 DIY 教室，課程隨季節更換，如綠豆糕、草莓大福、和菓子等。3F 為空中花園，供應日式燒烤小吃，露天廣場上有小朋友喜愛的跳跳馬、扭扭車。

INFO

- 💲 DIY150 元／次
- 🕘 9:00～17:00，假日延長至 18:00
- 📞 （02）2268-7222
- 📍 新北市土城區國際路 55 號
- 🚗 國 3 土城交流道約 10 分鐘，備有停車場
- ℹ️ 兒童遊樂設施、哺乳室

3 櫻花大道上有簡易的日本童玩 4 空中花園有兒童騎乘玩具

⑬ 土城區　大黑松小倆口牛軋糖觀光工廠

新北市第一家成立的觀光工廠。博物館外觀是色彩繽紛的建築，室內販賣部打造得古色古香，另外還有文昌帝君介紹館、功名步道橫跨魚池、巨大的熊公仔、火車主題廁所，館內珍藏不少寶物，如極為罕見的隕石，重達 500 多公斤呢！假日會有 DIY 牛軋糖活動。

INFO
- 💲 DIY 牛軋糖 150 元
- 🕐 8:30～19:00，假日延長至 20:00
- 📞 （02）2965-3061
- 🏠 新北市土城區自強街 31-2 號
- 🚗 臺 65 線土城交流道約 2 分鐘，備有停車場
- ℹ️ DIY 牛軋糖

1 色彩繽紛的建築外觀 2 巨大的熊公仔

⑭ 三峽區　熊空休閒農場

位於三峽山中的祕境，是由臺灣農林公司打造的有機茶園，在這裡可以享受絕美的山林茶園景色、聆聽悅耳的蟲鳴鳥叫聲，夏天在沁涼的野溪裡戲水，園區旁邊還有一整片柳杉木林區。餐廳除了可以品嘗到無汙染的純淨好茶，還提供關東煮等套餐類熱食，唯獨上山的路不太好走，只適合小型車。沿途會經過日式的大寮茶文館，距農場約 10 公里。

INFO
- 💲 門票 100 元，可抵消費
- 🕐 平日 9:00～17:00，假日 8:30～17:30
- 📞 0911-915950
- 🏠 新北市三峽區竹崙里竹崙路 243-2 號
- 🚗 國 3 三鶯交流道約 40 分鐘，備有停車場

令人心曠神怡的茶園

⑮ 鶯歌區 三鶯藝術村

此處別名三鶯陶花源，從遠方就會看到非常醒目的巨型陶土藝術品。藝術村坐落於大漢溪新生地，並以「兒童藝術教育」為主題規劃展覽館，戶外設置以動物為主題的陶瓷藝術品：逼真的看門狗、屋簷上的鴿群。園區占地廣闊，有親水步道，也有坡度平緩的無障礙步道適合推嬰兒車或騎單車；新建的龍窯橋夜晚點燈後，絢麗非凡。唯獨此處遮蔽物不多，夏日建議安排午後來訪。

INFO

🏠 新北市鶯歌區館前路 300 號

🚗 火車至鶯歌站，步行 10 分鐘

3

4

3 巨大的拼貼盤子，後方有醒目的「坯」 4 藝術創作「走泥」

園內占地廣闊，戶外廣場上有多種陶土藝術裝置。夏天開放戲水池，水深很淺，適合幼兒，池內有色彩繽紛的固定式藝術球，也提供可玩耍的大皮球，不過池子消毒水的味道頗重。後方有遮蔭沙坑，需自備工具，旁邊備有熱水淋浴設備，走到園區的最末端可見非常有趣的紅磚探險堡壘，有磨石子溜滑梯、山洞堡壘、公雞王等，底下是細細的黃沙。廁所外頭的小蝌蚪洗手臺，有幾隻小蝌蚪還不小心游出荷葉外，水龍頭也以蓮蓬作為造型，非常逗趣！

本館介紹臺灣 200 年來的燒窯文化為主，共有 5 層樓，除了展示陶藝品外，並結合有趣的數位互動。B1 是專為兒童設計的陶藝館，提供兒童一個自由創作的陶藝空間，每月規劃不同的 DIY 主題，如項鍊、杯子等，需收基本材料費。露天廣場有一些小吃攤，或是步行至館外，周圍也有很多餐飲商家。

INFO

- $ 博物館自 2010 年起開放免費入園，DIY 塑陶體驗 20 元
- 🕐 9:30~17:00。公休每月第一個周一
- 📞 （02）8677-2727
- 🏠 新北市鶯歌區文化路 200 號
- 🚗 火車至鶯歌站，步行 10 分鐘
- ℹ️ 兒童遊樂設施、DIY 塑陶、哺乳室

新北

1

1 戲水區 2 常設展：馬桶 3 草地上的冰淇淋藝術裝置 4 本館內的無障礙設施 5 沙坑區有葉子形狀的遮陽板 6 紅磚屋的側邊有祕密小洞 7 非常有趣的沙坑溜滑梯 8 探險堡壘上的設施皆可讓小朋友攀爬 9 洗手臺可愛到連大人都忍不住尖叫

臺北

北投區

士林區

中山區

大同區

中正區

大安區

信義區

文山區

① 士林區 擎天崗

　　從日治時期開始，此處即為放牧區，目前由臺北市政府管轄，從入口處爬上一小段階梯後即可到達。石子路旁有柵欄，而後則是優美綿延的草坡，可近距離觀賞牛隻，然而牛隻看似溫馴，但仍具野性，請記得保持一定距離。此處也是著名的觀星、賞日出地點，停車場旁有遊客中心，內有規劃生態體驗區、影片播放室。

INFO
🏠 臺北市士林區陽明山七星山麓
🚌 於陽明山調度站搭乘 108 遊園公車至擎天崗站
ℹ️ 動物農場

1 石子路旁有柵欄，與牛隻保持安全距離 2 綿延的草坡上可近距離觀賞牛隻

② 士林區 台北花卉村

　　此處是大臺北地區知名的園藝批發中心，有多種植栽和園藝相關用品可選購。入口處的景觀草坪上有用盆栽裝飾的藝術牛，高度適合小朋友的洗手臺也是以盆栽改裝而成，長廊有許多投幣式玩具車。假日開放胖胖熊氣墊遊樂設施，須著襪入場，有高達 3 公尺、號稱亞洲最大的氣墊溜滑梯！園內餐廳提供中式合菜、西式簡餐。

3 入口處的盆栽藝術牛
4 多肉組合盆栽

INFO
💲 胖胖熊氣墊 150 元／ 50 分鐘
🕘 9:00~21:00。全年無休
📞 （02）2757-4547
🏠 臺北市士林區延平北路七段 18-2 號
🚌 環河快速道路銜接延平北路七段約 1 分鐘，備有付費停車場；或市區公車至洲美橋站
ℹ️ 兒童遊樂設施

竹子湖擁有豐沛的水源、全年不乾的泥地，非常適合種植海芋，盛開期約在每年的 3 至 5 月。苗榜餐廳除了種植海芋，還有其他花卉園藝，如夏天的繡球花、向日葵；餐廳則是臺式合菜，色彩繽紛的手工小饅頭深受小朋友喜愛。步行即可到達周邊的竹子湖商店街，沿途有在地農特產、園藝花卉店，春季陽明山花季實施交通單向管制。

INFO

$ 門票 150 元，可抵消費

🕐 8:30～18:00。全年無休

📞 （02）2861-5419

🏠 臺北市北投區竹子湖路 56-7 號

🚗 於陽明山調度站搭乘 108 遊園公車至竹子湖站

園內的園藝景觀

❹ 信義區 台北探索館

前身為市政資料館，如今以臺北市的歷史文化作為主軸，轉型成為老少咸宜的探索館，4F 為時空對話廳，有仿古的城牆、文物及模型、望遠鏡、可操作的船舵，透明的玻璃地板下方有建築模型；3F 為城市探索廳，有臺北 101 模型、絢麗的玻璃燈光牆、仿舊的書報室。環境劇場定時會播放影片。

INFO

$ 免費

🕐 9:00～17:00。公休周一

📞 （02）2757-4547

🏠 臺北市信義區市府路 1 號

🚇 捷運市政府站 2 號出口，步行 8 分鐘

1 透明的玻璃地板下方有建築模型 2 種子探索區

⑤ 中正區 自來水園區

　　園區被列為三級古蹟的優美巴洛克式建築，是興建於日治時期的唧筒室，民眾可以入內參觀，館外別處也還特別保留著水池、量水室等古蹟建築。戶外有許多用舊管線改裝的藝術裝置、輸配水的相關器材、水源地苗圃有庭園造景、生態步道。夏天開放戲水，有適合幼兒的淺水區，但假日人潮洶湧，請特別注意幼童安全喔。聖誕節前後會有特別的藝術裝置。

INFO

- $ 夏季門票 80 元，其他時候 50 元
- 🕐 9:00~18:00，夏季延長至 20:00。公休周一
- 📞 （02）8230-1969
- 🏠 臺北市中正區思源路 1 號
- 🚗 捷運公館站 4 號出口，步行 5 分鐘
- ℹ️ 兒童遊樂設施

1 廣場前的藝術裝置 2 戶外器材展示

臺北

戶外廣場上有噴水池、軌道車，進入館內需門票，一次購票可參觀兩館，另一館為土銀展示館（有巨大恐龍模型）。博物館共分 2 層樓，1F 常設展介紹樟腦產業，復古風的布展令人感到相當溫馨；2F 為充滿童趣風格的特展，有適合小朋友的兒童教具，如木頭食物切切樂、數位體驗稻田插秧。在館外尚有一間小巧的南門童話區，有時間限制，會有館員作互動教學，年齡限制 3 歲以上。

INFO

- $ 門票 30 元
- 🕐 9:30~17:00。公休周一
- 📞 （02）2397-3666
- 🏠 臺北市中正區南昌路一段 1 號
- 🚗 捷運中正紀念堂站 1 號出口，步行 5 分鐘
- ℹ️ 兒童遊樂設施

3 館內 2F 特展室的木頭食物切切樂 4 南門童話區，上方的小鳥會飛

⑦ 中山區 中山親子館

　　親子館為提供 0 至 6 歲兒童與家長遊戲的場所，有分場次，須著襪入場，建議事先預約。最特別的是地板海洋數位牆，天花板有鏡面反射，前方則是電視同步攝影。另外還有多種手動操作玩具、攀岩場、繪本閱讀區；角落一區規劃 0 至 2 歲專區。戶外是昔日的花博園區，園區內仍保留許多藝術裝置、庭園景觀，不時還有巨大的飛機低空飛過。緊鄰在側的商店街提供冷熱餐飲，還有不少投幣式玩具。

INFO

- $ 免費
- 🕐 09:30~17:00。公休周一
- 📞 （02）2598-0657
- ⌂ 臺北市中山區玉門街 1 號
- 🚇 捷運圓山站 1 號出口，步行 2 分鐘
- ℹ️ 兒童遊樂設施、爬行區、哺乳室

1 戶外庭園景觀 2 調皮的小丑魚不停地在珊瑚間穿梭

1

2

⑧ 大同區 大同親子館

　　親子館為提供 0 至 6 歲兒童與家長遊戲的場所，共有 2 層樓，須著襪入場，有分場次，建議事先預約。1F 有立體書、溜滑梯、大型積木、角色扮演服飾、多種騎乘玩具，還有較精緻的玩具，一次能借一種，歸還後即可換下一種；2F 限定 2 歲以下進入，有多間小教室，提供不同的遊樂設施，包括積木區、木質玩具區、餐廚區、騎乘玩具區、嬰兒爬行區等。

INFO

- 💲 免費
- 🕐 9:30~17:00。公休周一
- 📞 （02）2557-1403
- ⌂ 臺北市大同區涼州街 2-16 號（首善大樓）
- 🚗 捷運大橋頭站 2 號出口，步行 10 分鐘
- ⓘ 兒童遊樂設施、爬行墊、哺乳室

3 1F 交通遊戲區 4 2F 積木教室

　　此公園號稱臺北市之肺，綠葉成蔭，還有生態湖泊。兒童區設置相當多座溜滑梯，有刺激一點的，也有適合幼兒的，旁邊有沙坑，需自備挖沙工具，備有沖洗設備。還有適合大一點小朋友的攀爬鐵欄、限定 3 歲以下兒童使用的包覆性盪鞦韆。緊鄰在旁的捷運站內也有一些青蛙地景、彩繪牆，深受小朋友喜愛。

INFO

$ 免費

⌂ 臺北市大安區新生南路、信義路

🚗 捷運大安森林公園站，步行 2 分鐘

ℹ 兒童遊樂設施

1 公園內有數座溜滑梯 2 充滿童趣的電話亭

臺北

⑩ 文山區　福德坑環保復育公園

前身為垃圾山，如今已復育為比大安森林還大的公園，最盛行的活動莫過於滑草和放風箏。非假日可抵押證件免費租借滑草車、腳踏車，假日直接跟著人潮排隊即可，滑草車需自行推上坡，會有清潔隊員在坡上幫忙往下推車，車體很重。也有不少家長自行攜帶紙板滑草。離木柵動物園約 2.5 公里。

INFO

$ 免費

🕘 9:00~18:00，暑假延長至 20:00。公休周一

📞 （02）2893-9981

🏠 臺北市文山區木柵路五段 159 巷 151 號

🚗 國 3 木柵交流道約 10 分鐘，備有停車場

ℹ 兒童遊樂設施

滑草車

桃園區

中壢區

新屋區

⑫

⑨

⑬

⑩ ⑪

楊梅區

八德區

③

平鎮區

⑳

⑮

大溪區

㉒

⑯ ⑲

⑱

⑰ ⑭

㉑ 龍潭區

蘆竹區

②

⑤

龜山區

觀音區

④

⑥ ⑦ ⑧

桃園區

①

新屋區

中壢區

八德區

楊梅區

平鎮區

大溪區

龍潭區

㉓

復興區

① 龜山區　春天農場

　　鄰近市區的農場，園內植物根深葉茂，設有一些浪漫造景：情人鐘、花風車等，生態步道平緩，適合手推車。可愛動物區不僅可以餵食還可以騎乘迷你馬。另有一些付費活動，如：射箭、投球等。餐飲講求有機、自然養身，附沙拉吧，販賣區有花草販售區、有機食材。

INFO
- $ 門票 100 元，可抵消費。餵食紅蘿蔔 20 元／包，騎乘迷你馬 100 元／圈，套餐 380 元起
- ⏰ 平日 10:00~19:00，假日 9:00~19:00，夏季延長至 21:30
- 📞 （03）350-2953
- ⌂ 桃園市龜山區長壽路 272 號
- 🚗 國 1 林口 B 交流道約 12 分鐘，備有停車場
- ℹ 動物農場

1 園區依季節種植許多花卉作物 2 可騎乘的迷你馬

② 龜山區　桃園酒廠

　　原名林口酒廠。混合世界各國不同的建築風情，有日式庭院，也可在歐式風情的館內體驗葡萄酒，雖然小朋友不能飲酒，但清酒館有聞香瓶，可體驗製酒過程不同時期發酵的味道；酒銀行內存放眾多不同年分的酒甕，展現中國傳統釀酒工藝。園內還有以木桶打造的酒桶桌、酒桶椅，別具特色。有餐坊供應平價熱食。

3 園展場外觀 4 戶外有多座木馬可騎

INFO
- $ 體驗葡萄酒 100 元
- ⏰ 8:00~17:00。全年無休
- 📞 （03）328-3001
- ⌂ 桃園市龜山區文化一路 55 號
- 🚗 國 1 林口 A 交流道約 4 分鐘，備有停車場
- ℹ 哺乳室

❸ 桃園區 奧爾森林學堂

　　由於虎頭山有許多貓頭鷹，這裡的奧爾森林公園即取自英文貓頭鷹「Owl」。園內多種公共設施皆為貓頭鷹造型，如：咕咕屋（運氣好的話，可以從鑽洞觀察到屋裡休息的鳥兒）、公仔、陶藝品、看板等，還有六角形的樹屋。公園內保留早期的遊樂設施，包括：數座溜滑梯、巨大恐龍雕像、動物磨石子雕像等。假日不定期會有街頭表演、說書時間。

INFO

$ 免費

⌂ 桃園市桃園區公園路 42 號

🚗 國 1 桃園交流道約 10 分鐘，備有停車場

ⓘ 兒童遊樂設施

1 貓頭鷹造型的樹屋 2 超長溜滑梯

桃園

④ 蘆竹區 卡司蒂菈樂園

　　實為大家耳熟能詳的金格長崎蛋糕，建築外觀像是年輪蛋糕的切片圖。一進到館內即可看到最吸睛的兩顆巨大彩蛋，其中一顆彩蛋內部設有休息椅，另一顆則播放影片。另外還有星空隧道、可愛插畫世界海洋地圖，DIY 蜂蜜蛋糕小屋附贈可愛圍裙。由於門票較貴，且園區不大，若非本來就打算買蛋糕的遊客，不建議特地專程前來，但有幾樣創新商品只能在此買到，一般門市是沒有銷售的喔！

INFO

- $ 全票 200 元，小孩 90 公分以上 100 元，可抵消費。DIY200 元
- 🕐 9:00～17:00。公休周一
- 📞（03）255-1999
- 🏠 桃園市蘆竹區大竹北路 66-90 號
- 🚗 國 2 大竹交流道約 15 分鐘，備有停車場
- ℹ️ DIY 蛋糕小屋

3 巨大彩蛋 4 數數看，紙城堡是用哪四種甜點畫成的呢？（年輪蛋糕、馬卡龍、長崎蛋糕、曲奇餅乾）

　　園區給人的感覺就如同義美傳家格言：「做餅是良心的事業」，義美在臺灣深耕 80 餘年，讓人覺得非常實在。戶外有生態園區、大型溜滑梯、古早童玩、沙坑、跳格子、扭扭車等。還有許多退役下來的機器模型：超大圓盤的枝仔冰模，製造出高達 8 億枝的冰棒、生產餅乾的大型滾輪、霜淇淋酥餅的煎模、服務 27 年的牛奶糖煮鍋，所生產的牛奶糖足以繞臺灣 31 圈！甚至還有更古早年代（約 1500 至 1910 年）榨甘蔗汁用的石輪子。

　　位於地下室的展示館，介紹企業的背景故事、婚喪喜慶禮盒展示、可以互動的節氣機臺。生態園區有池塘、遮陽避雨的原木桌椅休憩區、維護乾淨的沙坑。也可以預約 DIY 小西餅、月餅。美食街推出別具特色的「無麩質餐飲」，強調以臺灣米為主研發而成，讓對麩質過敏的人也可以輕鬆享用美食；販賣部有多種常見的義美商品，還有許多包裝精美的限量節慶禮盒。

INFO

- 💲 DIY 點心 150 元起
- 🕐 7:00~22:00。全年無休
- 📞 （03）322-2709
- ⌂ 桃園市蘆竹區南工路一段 11 號
- 🚗 國 1 南崁交流道約 5 分鐘，備有停車場
- ℹ️ 兒童遊樂設施、DIY 點心

1 產業文化展示館 2 戶外溜滑梯 3 古早童玩
4 牛奶糖煮鍋 5 沙坑

桃園

❻ 觀音區 蓮荷園

別具特色的稻草博物館，是館主無師自通的草編作品，主要以動物、鄉村農具的工藝品為主，饒富古早味。生態池有豐富的溼地動植物，夏季可以觀賞到朵朵盛開的蓮花。在池內的中央有幽默的水簾洞，是座休閒涼亭。大王蓮乘坐一次 50 元，大、小朋友皆可體驗。餐廳提供多樣化的蓮花全餐，DIY 項目廣泛，包括草編（草劍、稻草人、草鞋等）、荷葉搗麻糬等。

INFO

$ 門票 40 元，20 元可抵消費。DIY 活動 150 元起

🕐 蓮花季期間 8:00~19:00，冬季假日營業

📞 （03）477-6972

🏠 桃園市觀音區金華路 690 號

🚗 臺 66 線觀音大溪線，7.2 公里處下匝道後約 15 分鐘，路邊停車

ℹ️ DIY 草編、米食

大型草編作品

❼ 觀音區 青林農場

原為向日葵農場，而後成功轉型為以乾燥花為主題的農場。不僅可以親手採摘五顏六色的乾燥花（一朵 3 元），還可將乾燥花 DIY 成飾品。餐廳前方廣場的草坪有泡泡機、踩高蹺；後方有花田迷宮、鐵桶藝術裝置、七色花海。餐廳以熱帶南洋風情為主題，用木雕手工藝品布景，周圍種植熱帶植物。

6 採集麥稈菊（乾燥花）7 騎鐵桶牛

INFO

$ 門票 50 元，可抵消費。套餐 320 元起，DIY 乾燥花 150 元

🕐 9:00~18:00，假日延長至 19:00。公休周一

📞 （03）498-7747

🏠 桃園市觀音區大湖路二段 131-1 號

🚗 臺 66 線觀音大溪線，7.2 公里處下匝道後約 12 分鐘，備有停車場

ℹ️ 兒童遊樂設施、DIY 乾燥花

　　入園不收門票，也沒有低消限制。可參觀百年歷史的古厝，裡面保留了前人生活的足跡：古農具、廚房的大鼎、拉門式電視機、早期手繪電影海報、葫蘆瓢等。入口處還有一座百年古井供戲水。半開放式的用餐區，提供蓮花風味餐、中式合菜。前方大草坪有一些投幣式電動車；後方則是大面積的蓮花種植區，茶餘飯後不妨到此散步一下。另外提供 DIY 客家米食、焢窯等活動。

INFO

- $ DIY 活動 150 元起
- 🕘 9:00~17:00，公休周一。6 至 9 月蓮花季 8:30~18:30，假日延長至 20:00
- 📞（03）498-0753
- 🏠 桃園市觀音區大湖路二段 239 巷 55 號
- 🚗 臺 66 線觀音大溪線，7.2 公里處下匝道後約 20 分鐘，備有停車場
- ℹ️ 兒童遊樂設施、DIY 米食

1 百年古井 2 投幣式電動車

⑨ 新屋區 活力健康農場

　　園內擺設古樸，客家傳統三合院前提供多種古早童玩：打大小陀螺、滾鐵圈、踩高蹺等。蝴蝶昆蟲館在溫室種植許多食草植物、蜜源植物，打造適合蝴蝶生長的環境，室內有標本圖說區。可愛動物園有多種溫馴小動物，草地上有許多類似公園的兒童遊樂設施，月桃迷宮占地廣闊，是消耗小朋友體力的好地方，咖啡廳提供西式料理的套餐，DIY 活動包括搗麻糬、洗愛玉、做擂茶等。

三合院前的機械動物車

INFO
$　門票 100 元，可抵消費。DIY 活動 150 元起
🕐　9:00~17:00，假日延長至 18:00。公休周一
📞　（03）497-0386
🏠　桃園市新屋區埔頂村 7 鄰 33 號
🚗　臺 66 線觀音大溪線，11.4 公里處下匝道後約 10 分鐘，備有停車場
ℹ️　兒童遊樂設施、動物農場、DIY 米食

⑩ 楊梅區 白木屋品牌文化館

　　充滿浪漫風情的室內裝潢，就如同文化館的創辦理念：一間充滿夢想的 House。從廊道牆上吐出巨大的白色玫瑰、沉靜的心靈殿堂、鄉村風情的麵包屋、不可思議的巧克力流域等。沿著特色廊道，可以參觀館內的生產線，販賣部有蛋糕、飲料、冰品、伴手禮，甚至還有牛肉麵等熱食。DIY 有多種卡通造型蛋糕可選，如海綿寶寶、憤怒鳥、大眼怪等。

INFO
$　DIY 蛋糕 250 元／人
🕐　9:00~18:00。公休周二
📞　（03）496-5558
🏠　桃園市楊梅區高獅路 813 巷 22 弄 6 號
🚗　國 1 幼獅交流道約 3 分鐘，備有停車場
ℹ️　DIY 蛋糕

3 入口處的大型公仔、模型 4 禮物屋，內部用許多螺旋條紋創造出奇特的視覺效果

以一根扁擔創造傳奇的郭元益，自 1867 年創立至今。中國宮殿式的建築，內有臺灣最長的隧道爐；綠標生活館內以寓教於樂的方式，宣導節能減碳，甚至親子廁所也兼具環保功能。提供創意糕餅 DIY，12 歲以上參加有較多課程可選擇，如鳳梨酥、一口冰沙餡等；並定期舉辦收涎、抓周等傳統民俗。

INFO

- $ 門票 50 元，可抵消費。DIY 糕餅 150 元，傳統民俗報名費 250 元，並致贈一盒糕餅禮盒、二張門票
- 🕘 9:00~17:30。公休每月第一、三個周一
- 📞 （03）496-2201
- 🏠 桃園市楊梅區幼獅工業區青年路 9 巷 1 號
- 🚗 國 1 幼獅交流道約 1 分鐘，備有停車場
- ℹ️ DIY 糕餅

1 綠標生活館 2 多媒體影音室

⑫ 中壢區　羊世界休閒教學農場

從遠方即可看到轟立於入口處的閃亮金羊。園內占地不大，農場以「羊」為主題，有金羊溜滑梯、搖搖羊、DIY 彩繪羊、體驗擠羊奶等；餐廳提供羊肉爐、羊奶酪等。蛙寶館介紹青蛙生態，還可看到牛蛙的巨無霸蝌蚪。登上樹屋，居高臨下觀賞孔雀、烏骨雞，體驗餵食迷你豬、兔子等可愛動物。遊樂設施有投幣式小火車、機械動物車、跳床，夏天開放戲水區。

INFO

- $ 門票 60 元，30 元可抵消費。DIY 彩繪 50 元起
- 🕐 9:00~18:00。全年無休
- 📞 （03）426-6987
- 🏠 桃園市中壢區民權路三段 382 巷 1-5 號
- 🚗 國 1 內壢交流道約 12 分鐘，備有停車場
- ℹ️ 兒童遊樂設施、DIY 彩繪、動物農場

3 草皮上的人力手推車，後方為金羊溜滑梯 4 餵羊吃草

⑬ 平鎮區　綠風草原餐廳

由高爾夫球場改建而成的戶外休閒區，廣闊的草皮帶點小坡度，假日可看到許多遛狗、遛小孩的家庭。沙坑位於草坪的凹陷處，沒有特別的界線，沙子略帶紅色；生態湖泊裡的鴨子有時會隨興漫步於園內，落羽松步道於每年秋冬季轉紅。餐廳運用大量的玻璃，讓採光非常良好，提供兒童繪本。

戶外提供大球使用

INFO

- $ 套餐 480 元起，低消 150 元
- 🕐 11:00~21:30。全年無休
- 📞 （03）492-8205
- 🏠 桃園市平鎮區長安路 216 巷 168 號
- 🚗 國 1 中壢交流道約 3 分鐘，備有停車場
- ℹ️ 兒童遊樂設施、動物農場

近百年歷史的老茶廠，是座融合臺、日、英式風格的綠建築。1F 為商品展示區，低調的復古味讓整個環境非常恬靜，茶磚、鐵罐整齊地排列於架上，不時可聞到陣陣茶香！雅致的用餐區旁有池塘，但是沒有護欄，要小心幼童掉進去。2F 後方有大量各種顏色的鐵椅，陽光從木製窗櫺宣洩而來，採光非常好。戶外有草坪、木棧臺、柴燒爐。

INFO

$ 免費

🕐 10:00~17:30。全年無休

📞 （03）382-5089

🏠 桃園市大溪區復興路二段 732 巷 80 號

🚗 國 3 大溪交流道，經慈湖、百吉隧道後往臺 7 線方向約 15 分鐘，備有停車場

1 文物陳列館擺放非常多的鐵椅 2 雅致的用餐區

「老一輩的農夫說，種豆要種四顆，第一顆給天上的鳥兒，第二顆給地上的蟲兒，第三顆可能沒發芽就當運氣運氣；第四顆，必能心想事成。」園主深記前人的教誨，秉持著感恩的心情所創立的農園，即使不用餐也可以進入園內，沒有低消限制，有適合小朋友高度的竹製小屋、陶甕洗手臺、伊甸園蔬果區、大草坪、沙坑、可愛動物區、跳格子等。

INFO

$ DIY 竹製品 100 元，窯烤 Pizza 220 元，餐廳西式套餐約 380 元

🕐 9:00～17:00，假日延長至 18:00

📞 （03）388-9689

🏠 桃園市大溪區康莊路三段 225 號

🚗 國 3 大溪交流道約 20 分鐘，備有停車場

ℹ️ 兒童遊樂設施、DIY Pizza & 竹製品、動物農場

3 竹製小屋 4 小橋流水

⑯ 大溪區 義和休閒農莊

　　農村休閒發展協會所主導的農莊，入園無須門票，也沒有販售商品，所以預計停留較久的話，建議自備飲食。園內擺設古樸，有稻草屋、稻草人，小羊在園區跑來跑去、兔子關在籠裡、多座溜滑梯、質地相當細膩的沙坑、古早童玩、大型積木。從農場步行3分鐘可到達三合院，不定期在廣場前會舉辦農村生活體驗活動：插秧、晒穀、碾米，操作風鼓車等古法農業生活。

INFO
- $ 免費
- 🕐 六日 10:00～17:00
- 📞 （03）388-7930
- 🏠 桃園市大溪區康莊路三段 592 號
- 🚗 國 3 大溪交流道約 20 分鐘，備有停車場
- ℹ️ 兒童遊樂設施、動物農場

1 草坪上有羊兒、投幣式電動車 2 投幣式怪手遊樂設施

⑰ 大溪區 天御農場觀光花園

　　結合花草、咖啡、簡餐的複合式農場，戶外的草坪依季節種植不同的花卉，擺放許多歐洲童話人物的陶藝雕像，還有 10 元花卉販賣處，占地不小的溫室販賣更多種類的植物、園藝用品，旁邊則有許多小吃攤販解決吃喝問題。祕密花園餐廳隱藏在攤販後方，若不仔細觀察，很難發現此處別有洞天！室內採光全靠大片玻璃，戶外用餐區有香菇造型的桌椅。

戶外草坪

INFO
- $ 套餐 240 元起
- 🕐 8:30～17:30
- 📞 （03）387-4743
- 🏠 桃園市大溪區復興路二段 45-1 號
- 🚗 國 3 大溪交流道約 20 分鐘，備有停車場

⑱ 大溪區 淼焱苗有機農場

　　年輕的老闆厭倦了科技業的銅臭味，毅然決然到大溪租了塊農地，捲起袖子做起有機農場，取名為淼焱（ㄇㄧㄠˇㄧㄢˋ）。一開始以有機草莓為主，價格雖比外面貴，而且吃起來帶點酸味，但是吃得安心！夏天有番茄、美濃瓜，都可以讓小朋友親自採果。園區有許多遊樂設施：沙坑、黑板畫、溜滑梯、盪鞦韆、草坪上踢踢大皮球。餐廳提供平價咖啡、輕食。

INFO
- $ 門票 50 元，可抵消費
- 🕐 08:00~18:00，假日才開放，平日團體可預約
- 📞 0936-324520
- ⌂ 桃園市大溪區福山一路 7 號
- 🚗 國 3 大溪交流道約 20 分鐘，路邊停車
- ℹ DIY 採果

黑板作畫區

⑲ 大溪區 大黑松小倆口愛情故事館

　　紫色夢幻的鄉村小屋，耗資千萬，免費開放參觀。館內介紹歐洲知名愛情故事，配上閃耀的皇室家具，俯拾皆是照相熱門景點。販賣商品陳列在幸福列車上，結合文創的餅乾、名產，非常適合當伴手禮。戶外廣場有英國騎兵的大型立牌、歐式鄉村小教堂、浪漫愛情造景，還有經大師開光過的月老廟。

INFO
- $ 免費
- 🕐 平日 9:30~17:30，假日延長至 18:00
- 📞 （03）387-1566
- ⌂ 桃園市大溪區復興路一段 1037 號
- 🚗 國 3 大溪交流道約 16 分鐘，備有停車場

戶外廣場

⑳ 大溪區 河岸森林

　　建築走歐式鄉村風，庭院可見一些童話故事人偶立牌的小驚喜，蜿蜒的矮城牆，是小朋友的迷宮。愛麗絲故事屋內提供繪本、故事書。蜜蜂館介紹蜜蜂的生態，還有一些蜂蜜冰、周邊商品可選購，抬頭一看，會發現有好幾隻忙碌的蜜蜂公仔盤旋在天花板！另外有提供住宿。也可驅車 2.5 公里前往著名的大溪老街喔！

INFO
- $ 門票 100 元，可抵消費。凱莉廚房套餐 380 元起
- ⏰ 10:00~17:00，假日延長至 21:00
- 📞 （03）387-0300
- 🏠 桃園市大溪區瑞安路二段 150 號
- 🚗 國 3 大溪交流道約 20 分鐘，備有停車場

蜿蜒的矮城牆

㉑ 龍潭區 知心園香草咖啡農場

　　餐廳 C/P 值相當高，美味且用料實在。角落還有一個隱藏版遊戲室，提供餐廚玩具，有逼真的大龍蝦、雜糧麵包，老闆自己用草編創作出一些小作品：馬、兔子等，隨緣贈送，餐廳外頭還有免費香草可以拿回去種植。戶外有一些簡易的兒童遊樂器材：搖搖馬、溜滑梯、沙坑。飼養多種動物區，包括：羊（旁邊有牧草，自由取用）、象龜、天竺鼠、家禽等。距六福村約 1.4 公里。

INFO
- $ 餐廳套餐約 200 元
- ⏰ 8:00~20:00。公休周四及每月最後一個周日
- 📞 （03）411-6411
- 🏠 桃園市龍潭區高原村 6 鄰福源路 153 號
- 🚗 國 3 龍潭交流道約 12 分鐘，備有停車場
- ℹ 兒童遊樂設施、動物農場

1 象龜 2 室內遊戲區

桃園

22 龍潭區 龍潭觀光大池

又名龍潭湖，每年端午節都會在此舉辦划龍舟比賽。吊橋橫跨湖面，側邊防護網做得細密，不怕小孩摔下去。夏天會開放兒童戲水池，龍的大嘴會噴水柱，是相當刺激的滑水道，龍尾有另一座坡度較小的滑水道，適合較小的幼兒，泳池也有適合嬰幼兒的淺水區；若遇陰雨，會暫停開放吊橋和戲水池。公園內設有多座溜滑梯。

INFO
$ 免費
⌂ 桃園市龍潭區上林村 100-1 號
🚗 國 3 龍潭交流道約 10 分鐘，路邊停車
ℹ 兒童遊樂設施

兒童戲水池

23 復興區 綠光森林

又名富野綿羊牧場，有臺灣平地較少見的綿羊。牧場依山而建，坡度起伏大，園內有情人鎖牆、彩虹花田、大草坪、桂竹林、觀景臺，無論何處都有絕佳的視野。森林學堂提供多種 DIY 課程，磁鐵貓頭鷹、香水娃娃、彩繪迷你羊等；歐式鄉村風格的建築是用餐和住宿區，有許多大大小小的泰迪熊，讓小朋友愛不釋手。只是上山的路不太好開，要多注意。

INFO
$ 門票 100 元，平日可全抵消費，假日折抵 50 元。
　套餐 480 元起，快樂兒童餐 250 元；DIY 課程
　80 元起
🕐 10:00~18:00。全年無休
📞 (03) 382-2696
⌂ 桃園市復興區霞雲村志繼 19 號 -2
🚗 國 3 三峽交流道約 30 分鐘，備有停車場
ℹ DIY 手作藝品、動物農場、兒童餐點

綿羊牧場

新竹市

北區

④

③

⑦
⑧

⑥
⑤

②

⑨

東區

①

香山區

新竹縣

竹北市 ⑰

新埔鎮

⑯

關西鎮

芎林鄉

竹東鎮

横山鄉

北埔鄉

㉕㉖

峨眉鄉

⑭

⑮

新埔鎮

⑪

⑩

關西鎮

㉓ ⑬ ⑫

竹東鎮

芎林鄉 ㉗

㉘

横山鄉

㉔ 18.19

北埔鄉 20.21

㉒

❶ 新竹市 青青草原

　　原為農委會的放牧區，之後保留原貌，規劃成適合民眾踏青的好去處，並每年追加種植喬木。園區占地 64 公頃，共有草原區、生態池、涼亭休憩區等，還有不同的賞花步道，品種有早春櫻花、初夏五月雪油桐花、秋天楓紅等多樣植株，步道隨山丘坡度起伏，並鋪設柏油路面，適合嬰兒推車。

INFO
$ 免費

新竹市香山區大湖路 167 巷入口處

國 1 香山交流道約 15 分鐘，備有停車場

休閒踏青的好去處

❷ 新竹市 LUAU Pizza 柴寮披薩

　　外圍用顯眼的大鉛筆作為柵欄，還有充滿異國情調的獨特建築！館內並非以親子餐著稱，但卻是媽媽社團裡熱門的聚會地點。LUAU 取自於夏威夷的原住民語，意思是花叢中音樂、微醺與玩樂的 Party，園內有精緻的鐵欄杆、原木戶外桌椅、南洋木棧涼亭、簡易親山步道；色彩繽紛的大鉛筆是小朋友的最愛。

1 充滿特色的窯烤小屋 2 色彩繽紛的大鉛筆

INFO
🕐 11:30~21:00。公休周一

📞 （03）539-9967

新竹市香山區元培街 323 巷 5 號

國 3 茄苳交流道約 7 分鐘，備有停車場

❸ 新竹市 巷弄田園親子餐廳

是新竹市老字號的親子餐廳，人氣也是居高不下！如果不睜大眼睛尋找，很容易就錯過隱身在小巷弄內的親子餐廳。園主喜愛動物，在精心飼養下逐漸形成農場規模，而後加上多項兒童遊戲設施，並設置餐廳，就成了如今罕見的都市農場！

園內提供適合各個年齡層小朋友的遊樂器材：遮陰沙坑、搖搖車、彈跳床等，夏天限定的戲水設施也特別區分大朋友、小朋友區；乾淨的草坪可以讓小孩安心地打滾，飼養多種動物的農場也聞不到刺鼻的排泄物味，戶外也放置許多椅子，讓大人可以休閒地坐著享受田園風光。室內空間規劃相當完善，一上座服務生便遞上畫筆，讓小朋友可以盡情在白色餐巾紙上作畫！若是畫得不盡興，園內也有提供繪畫課程。建議平日前往，環境較清幽，假日生意非常好須提早訂位。也歡迎團體包場使用，有大型室內烤肉區，電影《賽德克‧巴萊》的殺青宴會就在此舉辦的喔！

INFO

$ 門票 100 元，可抵消費。套餐約 350 元，平日有美式早餐、商業午餐，當日壽星可享免費餐點
🕐 8 :30~17:30，假日延長至 20:00。公休周一
📞 （03）532-7566
🏠 新竹市北區東大路二段 605 巷 50 號
🚗 臺 68 線新竹交流道約 3 分鐘，備有停車場
ℹ️ 兒童遊樂設施、爬行區、動物農場、哺乳室、兒童餐點

1 充氣式彈跳床、溜滑梯 **2** 遊戲室 **3** 戲水設施，幼兒版 **4** 扭扭車 **5** 小火車，須投幣 50 元 **6** 快樂農場，多種動物飼養在一塊，有水牛、雞、羊、豬

④ 新竹市 南寮漁港

　　以地中海風情打造的南寮漁港，是許多婚紗業者取景的地方。此處風大，適合放風箏，附近自行車行甚多，可租車搭配 17 公里海岸觀光帶一起遊玩。沿途有海天一線看海區，可坐在舒服的丘陵上享受自然美景、還有港南運河。然此水域受到嚴重工業汙染，禁止遊客下水，若想要戲水，可驅車 5 公里前往「新月沙灘」，會有消防隊在附近巡邏，且設有淋浴設備。

INFO
⌂ 新竹市北區南寮街一帶
🚗 臺 68 線南寮交流道約 15 分鐘，備有停車場

7 經典的地中海藍白鐘樓 8 可搭配 17 公里海岸線騎乘自行車

⑤ 新竹市 科園國小

　　建築結合中、美、歐各國精華的特色國小。其中以巴洛克式風格建造而成的溜滑梯最令人讚嘆，可惜的是只有校慶才對外開放，校園後方的遊樂設施於課後和假日開放給民眾使用。包含多座溜滑梯、三角錐攀爬繩網、沙坑、樹屋、平衡木等，並且保留大量原始植物，是很好的生態觀察站。

INFO
📞 （03）666-8421
⌂ 新竹市東區科學園路 171 號
🚗 國 1 新竹交流道約 3 分鐘，路邊停車
ⓘ 兒童遊樂設施

9 罕見的巴洛克式溜滑梯 10 戶外體能區可攀網

　　戶外有大型琉璃工藝品，歐式風格的 1F 展覽館展示玻璃工藝品，2F 較適合兒童，有布置古色古香的玻璃歷史介紹區、問答翻板、強化玻璃地板、觸控光線球等。假日下午提供 DIY 課程，課程內容不一定，例如玻璃珠黏貼、玻璃瓶彩繪。暑期會有闖關活動、魔術秀，園區旁邊還有日式老屋群、環境清幽的麗池。或是驅車 2.4 公里前往有實體物品擺設的眷村博物館，適合拍照。

INFO

- 💲 門票 20 元。DIY 材料費 150 元
- 🕘 9:00～17:00。公休周一
- 📞 （03）562-6091
- ⌂ 新竹市東區東大路一段 2 號
- 🚗 國 1 新竹交流道約 7 分鐘，路邊付費停車
- ℹ️ DIY 玻璃工藝、哺乳室

1 華麗的入口，盡頭是偌大的時鐘，夜晚點燈後更加璀璨 2 眷村博物館

新竹

從上海原汁原味搬回臺灣的環保天燈，已成為新竹的醒目地標。園區分三大主題：世博台灣館、貨櫃嬉遊村及文創館三區。台灣館內皆以 MIT 商品為主軸，傳達臺灣在地的獨特生活品味，3F 可以近距離欣賞坐落在空中水池的天燈，或是購票參觀 720˚全天域劇場，文創館有不少餐飲店，其中以 Brick Works 樂高積木親子餐廳和木樂地最適合小朋友。樂高積木店供應 Pizza 和輕食，還有樂高人偶形狀的鬆餅和果凍！店內的大積木遊戲區有鋪設軟墊，小積木區適合大一點的小朋友，若是喜歡自己獨特的作品，也可依積木數量計價買回家喔。木樂地為全球第一家德國 Hape 的實體遊樂場店面，提供多樣的無毒安全木質玩具，館內走精巧路線，大人小孩皆須著襪。貨櫃屋呈現臺灣大街的樣貌，有柑仔店、童玩店、投幣式動物車，廣場前有數座大型兒童遊樂設施：軌道火車、旋轉飛機、音樂木馬、投幣式動物車，旁邊有一片大黑板供民眾塗鴉。

INFO

- $ 門票 3F 平日 250 元，假日 300 元。樂高積木店 1 歲以上低消 80 元；木樂地平日 250 元，假日 300 元，星光票 150 元
- 🕐 10:00~20:00。公休周一
- 📞 （03）571-7799
- 🏠 新竹市東區公道五路三段 6 號
- 🚗 國 1 新竹交流道約 5 分鐘，備有付費停車場
- ℹ️ 兒童遊樂設施、爬行墊、哺乳室

3 醒目的世博館，廣場前有水舞秀 4 貨櫃嬉遊村有多種兒童遊樂設施 5 Brick Works 的大積木遊戲區 6 Brick Works 的小積木遊戲區 7 木樂地主題式廚房 8 木樂地光是積木就有 7,000 多個

⑧ 新竹市 市立動物園

全臺最老的動物園，還沒進到園區前，從遠方即可看到高大的長頸鹿雕像在入口處迎賓！仔細一看還有梅花鹿、臺灣黑熊等雕像。園區不大，但五臟俱全，有各式禽鳥走獸：機敏的羚羊、好動的長臂猿、夢幻的紅鶴、鱷魚等。鳥園可與動物零距離接觸，如孔雀、高麗雉和山羌等。園內沙坑裡頭有許多色彩繽紛的細小珠子，非常漂亮，需自備挖沙工具。

INFO
$ 門票 20 元。假日視聽教室需額外收費 50 元
🕐 8:30~17:00。公休周一
🏠 新竹市東區博愛街 111 號
🚗 國 1 新竹交流道約 7 分鐘，平日好停車，假日停車場改為攤販
ℹ️ 動物農場、哺乳室

顯眼的入口處

⑨ 新竹市 何家園庭園餐廳

藏在山中小路的親子餐廳。占地千餘坪，目前僅剩庭園餐廳運作，挑高潔白的婚宴會場和游泳池已無使用，但仍可窺其風華。廢棄的宴會廳外牆爬滿攀藤植物，有如森林城堡般，戶外有草坪，樹屋的樓梯間縫隙較大，適合較大的小朋友，還有飼養象龜、昆蟲等；旁邊的鄉村小屋販售家飾用品。

INFO
$ 套餐約 350 元起
🕐 10:00~21:00。全年無休
📞 （03）522-4325
🏠 新竹市東區高峰路 439 巷 1 號
🚗 國 1 新竹交流道約 6 分鐘，備有停車場
ℹ️ 兒童遊樂設施、動物農場

1 戶外有大型溜滑梯，下面連接沙坑（小石礫）2 園內花木扶疏

新竹

⑩ 關西鎮 金勇 DIY 休閒農場

　　溫室栽培多樣蔬果供民眾採果，最為矚目的是引進世界各國的番茄，品種竟多達三十餘種，可謂番茄聯合國！可以點綜合番茄切盤，一次體驗多種口味。八彩甜椒除了常見的紅色、綠色，還有黑的、紫的、乳白色等，營養價值也不盡相同。也有 DIY 彩繪、製作客家米食、擂茶等活動。

INFO

$ 套餐約 120 元起，附番茄汁，可續杯，DIY 活動 150 元起

🕐 8:00~18:00。全年無休

📞 （03）587-0899

🏠 新竹縣關西鎮東光里 16 張 2 鄰 35-1 號

🚗 國 3 關西交流道約 7 分鐘，路邊停車

ℹ️ DIY 彩繪、採果

3 溫室採果 4 八彩甜椒

⑪ 關西鎮 仙草博物館生態農場

　　戶外有魚池、多種果樹、仙草種植區，室內則有大型看板介紹仙草的生態和加工過程，現場還有展示綑綁如人高的仙草乾。餐點皆以仙草入菜，150 元起的套餐有仙草炒麵、仙草凍、仙草汁、仙草雞湯！販賣特色伴手禮：仙草膠質丁、仙草雞湯料，也可以買現成的仙草乾回去自行熬煮；DIY 仙草凍由於溫度較高，建議國小以上參加。館內還有一間黑膠唱片室。

INFO

🕐 9:00~18:00。全年無休，DIY 仙草 150 元

📞 （03）587-0058

🏠 新竹縣關西鎮中豐路二段 326 號

🚗 國 3 關西交流道約 5 分鐘，備有停車場

ℹ️ 兒童遊樂設施、DIY 仙草凍

1 入口處的沙坑 2 仙草種植區

新竹

⑫ 芎林鄉 段木香菇

提供採集香菇體驗，老闆會親自解說香菇成長過程、營養價值、香菇乾的製作等專業知識，唯產量不一定，欲前往的遊客最好先致電確認；另外還有販售香菇乾、有機蔬菜。戶外草皮上有以磨石子打造特別的香菇造景，每年冬季，柑橘園也開放採果。此處位於鹿寮坑，沿途可見鹿的藝術裝置，也可順道拜訪 2 公里外的庭園餐廳「綠色小徑」，有草坪、鄉村擺設，內部裝潢充滿人文氣息，餐點價位中等。

INFO

- $ 香菇一斤 250 元
- 🕐 8:00~17:00。全年無休
- 📞 （03）593-2691
- 🏠 新竹縣芎林鄉華龍村 5 鄰 187 號
- 🚗 國 3 關西交流道約 20 分鐘，備有停車場
- ℹ️ DIY 採香菇

3 網室內的段木香菇，若遇連日陰雨，建議穿著雨鞋喔 4 村莊內可見鹿的雕像

⑬ 芎林鄉　心鮮森林莊園餐廳

名為森林莊園，其實園內大樹並不多，草坪倒是很遼闊，很多小朋友在此玩球。另外還有許多浪漫造景：花籠、教堂、拱門。兒童遊樂設施有沙坑、夏天開放戲水池，還特別為小朋友設立用餐區和廚房玩具。假日不定期有 DIY 課程，收入捐給家扶中心。鄰近的飛鳳山為芎林著名的登山步道，制高點的觀景臺是很好的觀日場所。

INFO

- $ 門票 150 元，平日可全抵消費，假日抵 100 元。套餐 460 元起，DIY150 元起
- 🕐 平日 9:00~18:00，假日延長至 20:00
- 📞 （03）592-3428
- 🏠 新竹縣芎林鄉新鳳村一鄰倒別牛 23 號
- 🚗 國 3 竹林交流道約 8 分鐘，備有停車場
- ℹ️ 兒童遊樂設施、DIY 課程

園內風格為浪漫婚禮主題，有水上鋼琴、噴泉

新竹

⑭ 新埔鎮 森林鳥花園

　　根據官網的介紹，這裡是一個慈悲的長者，為一群流離失所的禽鳥所搭建的森林樂園。有與人親近的鸚鵡、會跟你一起搖擺跳舞的貓頭鷹、炯炯有神的鷹類、高貴的天堂鳥等，也有紅毛猩猩等大型哺乳類動物。票券背面還有摺紙教學圖，可以變身為一隻可愛的小鳥喔！另外，不論是導覽 DM、立牌、餐墊等，都可以看到相當可愛的自然系插畫。

　　園內設施非常親善兒童，黑板塗鴉、二十四孝雕塑迷宮、有遮蔭的沙坑、黑熊戲水池、多種騎乘玩具、小型攀岩場、小戲水池、磁鐵拼圖區、多座特色溜滑梯：有小型的、長度驚人的彩虹溜滑梯、樹屋溜滑梯的空中走廊可以俯瞰鳥園內部，各個充滿濃厚特色。結束一天滿滿的行程後，還可以沖洗熱水澡！鄉村風格的餐廳提供自助式吃到飽，內部有 10 坪大的遊戲室，並有螢幕監控，讓用餐的父母也可以觀察小寶貝的動態。由於好評不斷，假日人潮洶湧，控管 800 人入園管制。

INFO

$ 門票平日 100 元，70 元可抵消費；假日 150 元，100 元可抵消費。餐廳 399 元／人
🕐 平日 10:00~17:00，假日延長至 18:00。公休周三
📞 （03）589-9341
🏠 新竹縣新埔鎮清水里汶水坑 97-1 號
🚗 國 1 楊梅交流道約 15 分鐘，備有停車場
ⓘ 兒童遊樂設施、爬行區、動物農場、哺乳室

1 依山坡而建的溜滑梯，下方還貼心地鋪上緩衝墊 2 遮蔭兔子沙坑，備有多種挖沙工具 3 餐廳內部整潔明亮的遊戲室 4 樹屋溜滑梯

⑮ 新埔鎮 味衛佳柿餅觀光農場

每年秋季新竹會颳起強烈的東北季風「九降風」，因應而生是百年晒柿子的歷史。園內可以一睹整個加工過程：削皮與去蒂、柴火炭烤、擺盤曝晒，整個過程耗時一周以上。現場販售柿餅、柿餅冰棒，供應免費茶水。DIY 柿染活動需預約，園區內可見飼養的雞隨意走動，相當有趣！由於上山路小，假日有大批觀光人潮，盡可能平日前往。

INFO
- $ DIY 活動 100 元起
- 🕐 8:00~21:00。全年無休
- 📞 （03）589-2352
- ⌂ 新竹縣新埔鎮旱坑里 11 鄰旱坑路一段 283 巷 53 號
- 🚗 國 1 竹北交流道約 15 分鐘，備有停車場
- ℹ DIY 柿染

1 古厝前壯觀的晒柿景觀 2 圓形碉堡上有彩繪小朋友喜愛的海綿寶寶

⑯ 竹北市 竹北文化兒童公園

竹北市擁有數座不同主題的公園。兒童文化公園和爬蟲公園擁有特色溜滑梯，步行可達文化局。文化局以客家土樓的建築型式，展現別具特色的風格。園內的美術館展示人文藝品，有生態池可餵魚；圖書館內有兒童閱覽室，還有專屬 1 歲以下寶寶的爬行室，提供布書、黑白書等。

INFO
- $ 免費
- ⌂ 新竹縣竹北市文平路與吳濁流路交叉口
- 🚗 國 1 竹北交流道約 3 分鐘，路邊付費停車
- ℹ 兒童遊樂設施

3 文化局戶外設置多種公共藝術 4 以白色石子砌成不規則溜滑梯，呈現不同的美感

新竹

⒄ 竹北市 文信爬蟲兩棲公園

除了溜滑梯外，還有以石子砌成烏龜、蜥蜴、青蛙等巨大的爬蟲兩棲生物，蛇捲曲的身體更是小孩的迷宮！假日公園大小孩混雜，家長要特別當心幼兒安全。

INFO

$ 免費

⌂ 新竹縣竹北市光明一路與文信路口交叉口

🚗 國1竹北交流道約3分鐘，路邊付費停車

ⓘ 兒童遊樂設施

以石子砌成寬版溜滑梯，坡度平緩適合小小孩

⒅ 竹東鎮 軟橋彩繪村

村內處處有驚喜，廢棄的磚瓦房蛻變成有趣的圖騰，美化後的公車亭變成大家休息的好地方，蜿蜒的山區小巷變得色彩繽紛！還有古早味的柑仔店。軟橋社區彩繪由在地一戶居民之女婿開始作畫，色彩繽紛的圖騰其實反映了社會百態，大本營為民宅「千人彩繪村」，免費開放給民眾參觀，廣場前有許多兒童車可騎、以及餐廚玩具。還有幾座木雕搖椅供小朋友騎乘，此處有販售飲料、茶葉蛋。

INFO

$ 免費

⌂ 新竹縣竹東鎮軟橋社區

🚗 竹122縣道26公里處，路邊好停車

ⓘ 兒童遊樂設施

千人彩繪村

老闆在內灣已有多年的開餐廳經驗，然而厭倦過於商業化的經營模式，決心返回老家開起無菜單料理的客家小吃。料理採用有機米、以及自家栽種的有機蔬菜。三合院的廣場前有搖馬、跳格子、子母椅（古早嬰兒餐椅，轉個方向就成了大人的板凳喔！）菜圃腹地很大，種植多樣蔬菜，草坪可以奔跑，冬天白蘿蔔收成時，開放免費拔蘿蔔！

INFO

- $ 300 元／人
- ⏰ 11:00～19:00。公休周三
- 📞 0910-29657
- ⌂ 新竹縣竹東鎮軟橋里
- 🚗 竹 122 縣道 25.6 公里處，備有停車場，可步行至軟橋彩繪村
- ℹ 兒童遊樂設施

1 古樸的三合院改建成客家料理餐廳，內部的擺設古色古香 2 子母椅

⑳ 竹東鎮 老農夫山莊

　　園內不大，處處可見童話人物陶藝品的擺設、以多肉植物布置的精巧盆栽，呈現濃濃的鄉村田園風，一轉角就可看見不同樣貌。園內花木扶疏，各個季節展現不同的自然風貌：春花，夏蟲，秋紅，冬李，每次來都有不同驚喜！包廂區的柵欄有可愛青蛙造型，小朋友可以自由進出。提供中西式套餐。備有住宿，民宿蓋得有如森林小屋般，即使無法入住，也可以到外圍區拍照留念。

INFO

$ 套餐約 250 元起
📞 （03）594-9192
🏠 新竹縣竹東鎮瑞峰里 25-2 號
🚗 竹 122 縣道 30.8 公里處，右轉上坡
　　100 公尺處，備有停車場

過年期間，李花正是盛開時

㉑ 竹東鎮 坪溪河畔咖啡屋

　　由兩姐妹和媽媽用雙手一點一滴打造的夢想小屋。戶外擺放一些趣味盎然的園藝陶製品，用餐區坐落在林木之間。室內裝潢也別具特色，2F 的角落用廢棄床欄把空間區隔開來，並鋪上木質地板，陽光從閣樓的小窗灑進來，儼然成為一個小朋友的祕密空間！用餐區有大片觀景玻璃，可以幽靜地欣賞山巒景色。提供中西式套餐、咖啡、輕食，是親子、寵物友善店家。

INFO

$ 低消 100 元，套餐 220 元起
🕐 10:00～19:00。公休周三
📞 （03）594-9063
🏠 新竹縣竹東鎮瑞峰里 1 鄰 5-8 號
🚗 竹 122 縣道 31.5 公里處，左轉
　　下坡即可到達，備有停車場
ⓘ 兒童遊樂設施

3 室內以鄉村風格裝潢 4 精心布置的花草

　　園內綠意盎然，春天有迷人的紫藤花，柔軟的花瓣從空中飄落；每年的 4 月底至 6 月初是賞螢最佳時期，若是來此住宿的遊客，老闆會親自導覽，並體驗撿拾大蝸牛餵食；秋天有大片花海。套餐用料非常實在，飯後不妨點上一壺道地的客家桔茶，好幫助消化！

INFO

$ 套餐約 250 元左右

🕐 （03）580-4951

⌂ 新竹縣竹東鎮瑞峰里 4 鄰 96 號

🚗 竹 122 縣道 30.1 公里處，右轉上五指山 2.8 公里處的岔路，靠左行駛，並沿著路標 800 公尺，備有停車場

ⓘ 兒童遊樂設施

1 2

1 卡通人物彩繪立牌
2 簡易的兒童玩具

新竹

23 竹東鎮 竹東動漫園區

以魔法森林為主題打造的動漫園區，戶外放置兩節報廢火車車廂，民眾可以上去懷舊一下，園區還有許多可愛公仔。往後方步行 3 分鐘可到達河濱公園，有大片草坪、古樸磚房、水車；往前步行 3 分鐘到日式風格的林業展示館，林業曾是竹東重要經濟命脈，戶外有大片碎石可以讓小朋友挖。竹東的元宵節燈每年在此舉辦。

INFO

- $ 免費
- ⌂ 新竹縣竹東鎮雞林里東林路 196 號
- 🚗 火車內灣線至竹東站
- ℹ 兒童遊樂設施

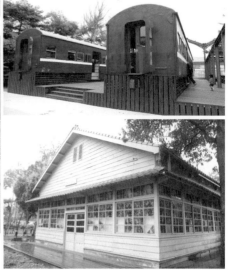

3 童話般的蘑菇房舍 4 緊鄰在旁的城隍竹簾販售竹藝品，免費提供許多竹製樂器把玩

入園免門票，也沒有低消限制，備有多種遊樂設施，如大型氣墊溜滑梯（夏天會連接戲水池）、兒童玩具車、沙坑、攀岩場、可愛動物區等；大人休息區有遮陽板，還有多種活動：騎馬、彩繪陶瓷、打靶場，迷你馬騎乘限重 45 公斤以下，不限年紀，可同時坐兩個小孩，會有專業馬伕在旁牽引馬匹，繞著色彩繽紛的玫瑰園，體會「走馬看花」，耗時約 5 至 10 分鐘，比起外面一小時就動輒數千元的馬術活動，算是非常經濟實惠，適合純粹想體驗的小朋友！園區又名玫瑰園農場，溫室內種植數百株不同品種的玫瑰花，且有輕食餐廳，可頌堡約 200 元。

驅車 3 公里即可到達熱鬧的北埔老街，是道地的客家市集，「綠世界生態農場」也距此不遠，知名的風景區「北埔冷泉」約 9 公里，為罕見的碳酸與硫磺共生泉，需自備戲水工具。

INFO

$ 套餐 200 元起，騎馬一次 150 元，DIY 彩繪 100 元

🕙 10:00~17:00，假日才開放

📞 （03）580-3889

⌂ 新竹縣北埔鄉水磜村 5 鄰 15 號

🚗 國 3 竹林交流道往竹東方向行駛，右轉臺 3 線至北埔，右轉直行，備有停車場

ℹ️ 兒童遊樂設施、DIY 彩繪、動物農場

1 DIY 有多種瓷器可選 2 攀岩場、沙坑、溜滑梯 3 走馬看花 4 綠世界生態農場可與動物零距離接觸 5 北埔冷泉

25 峨眉鄉 十二寮休閒農業區

倚山傍水的十二寮在平緩地區種植多種蔬菜，山坡則是栽種柑橘，因而成為綜合農業區。山坡上可見色彩繽紛、退役下來的燈會作品，許願池旁有讓小朋友玩得不亦樂乎的汲水器，還有特色古早童玩：用繩索將保特瓶沿山坡拋上，比比看是誰拋得高！湖岸周邊假日商家林立，提供咖啡、客家美食、兒童遊樂器材如小火車、自動馬等。

INFO
$ 免費
⌂ 新竹縣峨眉鄉湖光村
🚗 國 3 竹林交流道往竹東方向行駛，右轉臺 3 線至 96 公里處，左轉進入湖光社區直行，路邊停車
ⓘ 兒童遊樂設施

6 湖光山色 7 沿途商店「馬來了」，小馬騎乘（腳踩踏板，馬會自動前進）

26 峨眉鄉 峨眉湖

環湖步道平緩，有鋪設柏油路和木棧道，適合手推車。沿途可從不同角度欣賞到全臺最大的彌勒佛像，全身皆以青銅鑄成，此為大自然文化世界的園區所擁有。結束後也可步行 10 分鐘至造型優美的細茅埔吊橋，再往前徒步 10 分鐘可到達富興製茶工廠，茶廠已有 90 年歷史，1F 保留舊有製茶設備，2F 則介紹世界各地特色茶種，不妨來此品茗世界聞名的東方美人茶！

INFO
$ 免費
⌂ 新竹縣峨眉鄉湖光村和富興村
🚗 國 3 竹林交流道往竹東方向行駛，右轉臺 3 線至北埔，右轉直行，路邊停車

8 環湖步道可看到大彌勒佛 9 富興製茶工廠，窗明几淨的展示空間

合興車站的折返式鐵軌已廢棄多年，且與主線脫離，經薰衣草森林翻修後，如今成為內灣線的新景點，愛情車站。保留日式情懷的候車室，內部有古老的鐘擺、薰衣草森林商品等，前方廣場的碎石子是小朋友的最愛。戶外則設置許多浪漫造景：愛情車站月臺、鐘樓、許願吊卡等，還有兩節廢棄的火車車廂，內部改裝成咖啡廳和漫畫閱覽室。

INFO

🚗 火車內灣線至合興站

1 以前的候車室 2 愛情的酸甜苦辣

28 橫山鄉 劉興欽漫畫暨發明館

近年來，內灣線積極推廣動漫。漫畫家劉興欽為新竹人，著名的作品有《阿三哥與大嬸婆》、《機器人與阿金》，園內有經典漫畫人物公仔、展覽區、餐飲區、舒適的漫畫閱覽區、塗鴉牆、積木區。往上步行可到內灣國小，開放式的校園內有座特色內灣號火車溜滑梯；往下步行為內灣老街。由於上山路小，交通假日易壅塞，建議搭乘大眾運輸。

INFO

- $ 門票 50 元，可抵消費
- ⏰ 10:00~17:00。公休周二
- 🏠 新竹縣橫山鄉內灣 139 號
- 🚗 火車內灣線至內灣站，步行 5 分鐘
- ℹ️ 兒童遊樂設施

3 4

3 色彩繽紛的木頭積木 4 館內漫畫藏書量豐富，可隨心所欲找個角落閱覽

苗栗

1　竹南鎮
頭份鎮
造橋鄉
6
苗栗市
20
10
11　12　公館鄉
9　獅潭鄉
19　通宵鎮　8　14
7　13　15
銅鑼鄉
21
23
22
24　25
26
18
16
三義鄉
17
32　33
卓蘭鎮

27

南庄鄉

28
29

30

泰安鄉

苑裡鎮

31

大湖鄉

❶ 竹南鎮 四方牧場

致力於環保、有機的農場，在廣闊的草原飼養將近 300 頭乳牛，利用回收的牛糞再次滋養草坪，牛隻有最新鮮強健的草料，才有源源不絕的牛奶！入園前，會先看到明顯的指標「乳牛的彩繪牆」，隨之而來的是一小段的農具機械器展示步道，不久即可看到四方鮮乳的生力軍：一大群乳牛！園區提供多種親子活動：如餵小牛喝奶一瓶 25 元，還有多種投幣式遊樂設施。廣闊的草坪，常可見家庭自行帶球來運動一下。

鋪設柏油的林蔭步道，手推車也可通行，順著斜坡往下，會到達生態池，池邊種滿桂花，若於春季前往，可聞到陣陣桂花清香，令人心曠神怡，也可買飼料餵雁鴨。園區綠葉成蔭，在幾棵大樹下有吊床，是天然的避暑祕境。以玻璃屋搭建的餐廳，採光非常良好，也可到戶外大樹下用餐，出餐廳後可看到依山坡而建的魚池，原來是個頗大的玻璃魚缸。販賣提供新鮮乳製品，也可訂購宅配，還有許多乳牛相關的周邊商品可選購。也可順道驅車 4 公里前往御和園汽車旅館的前廣場，每年春季會有 200 棵盛開的吉野櫻，供遊客免費參觀（地址：苗栗縣竹南鎮公義路 1500 號）。

INFO

$ 門票 3 歲以上 60 元，可換鮮乳或乳酪或冰淇淋
🕐 8:00~18:00。全年無休
📞 （037）584-743
🏠 苗栗縣竹南鎮崎頂里東崎頂 9-6 號
🚙 國 3 香山交流道約 6 分鐘，備有停車場，假日停車一次 50 元
ℹ️ 兒童遊樂設施、動物農場

1 廣場提供許多投幣式遊樂設施 2 販賣部 3 餵小牛 4 御和園汽車旅館的前廣場

❷ 竹南鎮　崎頂子母隧道

　　進入隧道前會先經過觀景臺，觀景臺的地板上則寫實地描繪著臺鐵火車經過布滿風車的西部幹線，色彩繽紛的圖騰是許多小朋友逗留的地方。子母隧道是苗栗唯一兩座相連的雙軌，造型典雅，是早期許多臺鐵列車廣告取景的地方。仔細看還可見到二次世界大戰時，美軍在隧道洞口掃射留下的彈孔遺跡，登上 5 分鐘路程的瞭望臺，即可欣賞到臺灣海峽的美景。

INFO

⌂ 苗栗縣竹南鎮崎頂
　火車站旁

🚗 火車至崎頂站

隧道洞口和瞭望臺起始點

❸ 竹南鎮　竹南綜合運動公園

　　總面積約 14 公頃，是兼具健身、運動、休閒三大功能的綜合性運動公園。擁有廣闊的大草坪、多座溜滑梯、色彩繽紛的彩虹門、綠色迷宮、溜冰場（很多小朋友在此練習腳踏車）、荷花池，非常適合親子共遊。另外也有適合青少年的體育運動設施：網球場、籃球場、田徑場、足球場等。

INFO

⌂ 苗栗縣竹南鎮永貞路二段 198 號

🚗 臺 61 線西濱交流道約 10 分鐘，備有停車場

ⓘ 兒童遊樂設施

1　2

1 公園內其中一座溜滑梯 2 彩虹門

苗栗

❹竹南鎮 龍鳳漁港

　　步行上帆船形狀的觀景平臺可到達海邊，平臺也是觀賞風車、落日的好地方，還有新鮮魚貨直售中心。周圍的自行車步道可以連接到竹南濱海休憩區，有規劃不同主題：假日之森、長森之森、親子之森等。也可驅車 3 公里前往「普羅食品」，有深受小朋友喜愛的包子軍團，造型有黃色小鴨、憤怒鳥、Hello Kitty 等，使用天然色素和多種內餡口味，建議事先預訂。

INFO

龍鳳漁港
- ⌂ 苗栗縣竹南鎮龍鳳里 10 鄰海埔 38 號
- 🚗 臺 61 線西濱交流道約 3 分鐘，備有停車場

普羅食品
- ☎ （037）473-668
- ⌂ 苗栗縣竹南鎮博愛街 171 號

3 質地細膩的沙灘，後方為帆船形狀的觀景平臺 4 包子軍團

❺ 頭份鎮 滿燭 DIY 蠟燭工廠

　　工廠早期以製作蠟像娃娃為主，熱銷歐美，如今轉型為親子同樂的 DIY 工廠，有多種模型可選擇，且可自行決定是否要加燭芯、吊飾，或是加裝 LED 等。從挑選蠟塊、融蠟、入模、彩繪、亮粉到包裝，小朋友都可親手操作，滿燭真的很滿足！假日會提供平臺，讓小朋友不限次數，免費體驗融蠟、入模，不過融蠟有一定溫度，要特別注意。

INFO
- 💲 DIY 150 元起
- 🕘 9:00～17:00。公休周一
- 📞 （037）621-893
- ⌂ 苗栗縣頭份鎮中華路 438 巷 6 號
- 🚗 國 1 頭份交流道約 10 分鐘，路邊停車
- ℹ️ DIY 蠟燭

1 免費體驗融蠟、入模 2 逼真的蠟燭，柿柿如意

❻ 造橋鄉 牛奶的故鄉

　　原名為苗翔牧場，可近距離觀賞到乳牛、迷你馬、山豬、羊，運氣好的話，還可以看到羊群在農場後方的斜坡上吃草。以鐵皮搭建的建築，外觀特別漆上應景的黑斑白底，室內簡易的遊樂區有小型溜滑梯，並鋪設軟墊；DIY 鮮奶酪需預約。戶外設有兒童車、投幣式玩具，夏季時，造橋會舉辦南瓜節，此處也可觀賞到不同品種的趣味南瓜喔！

INFO
- 💲 DIY 鮮奶酪 100 元／人
- 🕘 9:00～17:00，假日 8:00～19:00
- 📞 （037）561-126
- ⌂ 苗栗縣造橋鄉豐湖村 5 鄰上山下 2 號
- 🚗 國 3 竹南交流道約 15 分鐘，備有停車場
- ℹ️ 兒童遊樂設施、爬行軟墊、DIY 鮮奶酪、動物農場

園內提供的兒童車和建築外觀

苗栗

全館是以 1 萬多張玻璃帷幕組合而成的環保綠建築，室內採光非常良好。從玻璃桐花隧道進入後連接的是陳列室，用栩栩如生的蠟像人模擬客家早期農村生活，還有數位田間種稻抓魚、數位唐裝體驗等。1F 兒童館深受小朋友喜愛，有溜滑梯（側邊護欄皆鋪上軟墊，非常適合幼兒）、青蛙山洞、客家童書繪本、糕餅模型拓印；館內還有多個特展、常設展，介紹臺灣各地的風俗民情、獨特的文化創意、當地的工藝傳承，還有藏書豐富的客家圖書資料中心。地下室有適合小朋友的音樂廣場、積木創作區，若於假日前往，還有內容豐富的免費 DIY，例如巧克力甜點、燈籠、染布等，可上官網查詢相關課程。

園區後方還有人煙罕至的半月池，可以愜意地一覽山腳的聚落，唯此處風大，池子沒有護欄，要小心幼童安全。全館無障礙環境做得非常完善，可在服務中心租借嬰兒推車及輪椅。假日戶外有餐車，若是於秋季前往，可以驅車 4 公里順道觀賞銅鑼杭菊。

INFO

$ 9:00～17:00。公休周一
🕐 （037）985-558
🏠 苗栗縣銅鑼鄉九湖村銅科南路 6 號
🚗 國 1 銅鑼交流道約 10 分鐘，備有停車場
ℹ 兒童遊樂設施、哺乳室、DIY 課程

3 玻璃桐花隧道和廣場
4 數位稻田 5 兒童館入
口 6 DIY 教室 7 銅鑼
杭菊

❽ 銅鑼鄉 大補內彈珠汽水觀光工廠

首先會進入影片播放室，結束後答對問題，還會有特殊造型的琉璃珠。可參加 DIY 內容，會發放一顆看似普通的氣球，沒想到碰上彈珠竟然有多種趣味玩法，還教會您如何控制機器，自行填裝彈珠汽水，挑戰喝超過 10 瓶者，加贈禮物喔！1F 有彈珠溜冰場、尋寶場、彈珠臺、還有一區的彈珠隨你撿回家；3F 滾珠遊戲區，利用家裡常見的水管、板子，組成富有創意的軌道。

INFO
- $ 門票 3 歲以上 200 元，含汽水喝到飽、DIY 活動
- 🕐 採預約制，一場 1.5 小時
- 📞 0910-900884
- 🏠 苗栗縣銅鑼鄉民生路 11 號
- 🚗 國 1 苗栗交流道約 10 分鐘，路邊停車
- ℹ️ 兒童遊樂設施、哺乳室、DIY 課程

1 彈珠尋寶場 2 園區一景

❾ 銅鑼鄉 客家大院

園區占地廣大，廣植桐花，需上下坡，手推車可通行。沿途可見小鴨藝術裝置、磚雕藝品、2011 苗栗燈會的主燈等。新穎的客家大院在最高點，是標準的三合院，內部展示早期客家人的生活物品，特展內容會更換。販賣部在入口不遠處，前往的路上會經過客屬大橋，備有照明設備，晚上更顯得美輪美奐。

INFO
- $ 免費
- 🕐 8:00~17:00。全年無休
- 📞 （037）985-783
- 🏠 苗栗縣銅鑼鄉銅鑼村龍泉 15 號
- 🚗 國 1 銅鑼交流道約 2 分鐘，備有停車場

3 坐落於山中的三合院 4 小鴨藝術裝置

苗栗

有數個不同的展覽室。其中以兒童工坊最適合小朋友，結合苗栗當地特色，創造出獨特的體驗項目：磚瓦習字磚、磚雕拓印、積木藺草籃，假日會播放卡通影片，繪本主要以跟「自然」相關的為主，旁邊的圖書室有更豐富的童書，戶外有木雕工藝品貓、麋鹿等，可讓小朋友騎乘，廣場前有鐵製馬車。

INFO

$ 免費

🕐 9:00~17:00。公休周一

📞 （037）222-693

🏠 苗栗縣苗栗市水源里水流娘巷 11 鄰 8-2 號

🚗 國 1 公館交流道約 3 分鐘，備有停車場

ℹ️ 兒童遊樂設施

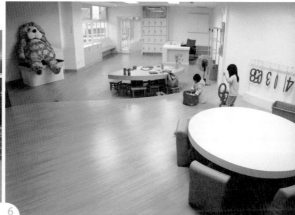

5　6

5 戶外木雕工藝品
6 兒童室內部空間

⑪ 公館鄉 茶摳肥皂故事館

因外觀像是寢具家飾店的鐵皮屋，讓人很容易錯過，但進入館內才會發現別有洞天，有著新穎的裝潢，可愛的卡通公仔。肥皂 DIY 有多種項目：皂中皂（將色彩繽紛的小皂，包在透明的皂基裡頭）、彩繪皂（在白色基底的肥皂上，畫上自己喜愛的顏色）、黏土皂（像黏土依樣可塑形）、手打印皂、水果皂。販賣部有深受小朋友喜愛的黃色小鴨、烏龜等不同造型的肥皂。

INFO

$ DIY 肥皂 150 元起

🕘 9：00～17:30。公休周一

📞 （037）232-977

🏠 苗栗縣公館鄉玉谷村 115-1 號（五穀文化園區旁）

🚗 國 1 公館交流道約 2 分鐘，備有停車場

ℹ️ DIY 肥皂

1 找找看到底哪個才是肥皂小鴨呢？ 2 展覽室介紹肥皂的相關歷史

⑫ 公館鄉 五穀文化園區

前身為陶瓷公司，產業沒落後轉型為觀光休閒的五穀文化村。可以參觀製陶工廠、DIY 陶瓷彩繪，有非常非常多的模型可選擇；竹藝館販賣竹製工藝品，如古早兒童餐椅「子母椅」，還販售當地的農特產品。戶外有塊草坪，放養雞隨意在園區走動，旁邊有用木輪子做成的椅子。

INFO

$ DIY 陶瓷彩繪 150 元

🕘 8:00～18:00。全年無休

📞 （037）234-805

🏠 苗栗縣公館鄉玉穀村 117-5 號

🚗 國 1 公館交流道約 2 分鐘，備有停車場

ℹ️ DIY 陶瓷彩繪、動物農場

3 放養雞園區 4 園內花木扶疏

苗栗

　　餐廳跟農場是分開的，相距約步行 2 分鐘，沿途有古箕販賣小零食。農場入口處有一個木製小火車、兔子立牌，都是人氣照相景點。小動物有羊、魚、家禽、兔子（數量超級多），園區整理得非常乾淨，沒有動物的腥味，旁邊還有高度適合小朋友的洗手臺。園內種植千餘坪的紅棗，夏天為採收期，停車場的廁所也相當有特色喔！

INFO

- $ 免費
- 🕐 供餐 11:00~14:00、17:10~20:00
- 📞 （037）239-088
- 🏠 苗栗縣公館鄉福星村館義路 43-6 號
- 🚗 國 1 公館交流道約 10 分鐘，備有停車場
- ℹ️ 動物農場

5 木製小火車
6 古箕商店

主要分三個展覽館。蠶業文化館入口旁有蠶拓印區，介紹區內有養殖蠶寶寶，從超級小隻的蠶蟻，到成蟲、蠶繭、蛾，展現完整的一生；2F 則是介紹絲路的重要歷史，展示農改場早期的各項蠶業機具。生物館的入口即可見到巨大的瓢蟲，高達 2 層樓的花卉模型上，還有多種巨大昆蟲模型！1F 利用天敵的觀念來說明生態平衡，還有夜間昆蟲標本。仔細一看魚缸養的不是魚，而是復育螢火蟲的幼蟲。2F 以鮮明的蜂巢作為意象入口，館內介紹蜜蜂的生態、農業應用、蜜蜂食用文化，還有巨大的虎頭蜂巢。從空中走道可連往農業博覽館，館內介紹臺灣農業概況，並以蠟像人演示早期的農村生活。戶外巨大的毛毛蟲展覽館，利用溫室的概念，場內種植多種適合毛毛蟲、蝴蝶生長的植物，仔細找一找，挑戰一下眼力吧！

INFO

$ 門票 50 元

🕐 8:00~12:00、13:00~17:00。公休假日

📞 （037）222-111

🏠 苗栗縣公館鄉館南村 261 號

🚗 國 1 公館交流道約 7 分鐘，備有停車場

ℹ️ 哺乳室、昆蟲

1 中式風格的蠶業文化館 2 生物館 1F 可看到生活在花園底部的昆蟲 3 延伸到 2F 的花園 4 蜜蜂展示區 5 農業展示區 6 毛毛蟲展覽館

苗栗

⑮ 公館鄉 荷塘居

本業為室內設計師的老闆發揮所長，將原本一大片的荷花田改造成庭園餐廳，園內主要以中國風設計，無處不展現細膩雅致的工法，是文人雅士愛好的場所，有荷花田、小橋流水、甚至還有臺灣保育類「蓋斑鬥魚」的生態水池。若不用餐，也可到農場買飼料，餵小動物如兔子、雞、魚等，園區整理得非常乾淨。餐廳外圍還有好幾個區域也圈養羊、鴨等，吃飽喝足後不妨來田間散步。

INFO

- 💲 套餐 368 元起
- 🕙 10:00~22:00。全年無休
- 📞 （037）233-456
- 🏠 苗栗縣公館鄉館南村 13 鄰 332 號
- 🚗 國 1 公館交流道約 8 分鐘，備有停車場
- ℹ️ 動物農場

7 幸福社區餵魚 8 停車場旁的草地，有馬車、仿水車、手繪立牌

⑯ 三義鄉 雅聞香草植物工廠

園區綠意盎然，有各種令人神清氣爽的香草植物。最熱門的照相景點風車廣場前，種植迷人的薰衣草田，草坪上還有大型石雕佛像。逛累了，不妨在南洋風的木製平臺休息一番，溫室蔬菜靠著 LED 全年提供生機蔬食，另外也有提供平價熱食、現打果汁、鮮乳霜淇淋。占地廣闊的 DIY 教室，團體可預約手作沐浴球、香氛娃娃。販售部入口有幾隻木馬可騎，內部販售 MIT 的化妝品、保健食品。

1 浪漫悠閒的鄉村玫瑰園 2 薰衣草田

INFO
- $ DIY 項目 150 元起
- 🕐 8:30~17:00。全年無休
- 📞 （037）879-818
- 🏠 苗栗縣三義鄉西湖村八櫃 42 號
- 🚗 國 1 三義交流道約 5 分鐘，備有停車場
- ℹ️ DIY 沐浴球、香氛娃娃

⑰ 三義鄉 鯉魚潭水庫

三義最負盛名的風景區除了龍騰斷橋外，鯉魚潭水庫絕對也是親子休閒的好地方。是臺灣唯一的鋸齒狀洩洪道，也是唯一沒有閘門的水庫，吸引許多家長帶小朋友前來觀賞壯觀的瀑布景象。園區還有坡度平緩的桂花步道、鯉魚雕像、廣大的草坪，還有家庭自備紙板在斜坡上滑草！

INFO
- $ 免費
- 🏠 苗栗縣三義鄉西湖村
- 🚗 國 1 三義交流道約 20 分鐘，備有停車場

3 鯉魚雕像，前方步道種滿名為「米老鼠」的花 4 鋸齒狀洩洪道

18 三義鄉 丫箱寶

　　三義素以木雕聞名，丫箱寶距離木雕街車程約 5 分鐘，早期靠外銷彩繪木鴨達到全盛，沒落後轉型為 DIY 木雕彩繪工廠。有多種木雕素坯，如鴨子、貓頭鷹、水鳥、青蛙、貓咪等，戶外有舒適的草坪、咖啡小屋、還有一些大型木雕水牛。本館前方有池塘，可以看到真正的鴨子在裡面悠游！

5 本館外觀 6 木雕素坯

INFO
$ DIY 木雕彩繪約 400 元起
🕘 9:00~17:00，假日延長至 18:00
📞 （037）872-076
🏠 苗栗縣三義鄉重河路 176 號
🚗 國 1 三義交流道約 12 分鐘，備有停車場
ℹ️ 兒童遊樂設施、動物農場

19 通霄鎮 虎頭山神社

　　臺灣保存最好的日本神社，一為桃園神社，二為通霄神社，雖不能入內參觀，但可在清幽的參道走走，旁邊還有古木參天的綠色隧道。往上步行 10 分鐘，可以到制高點的觀景臺，現場留有日俄戰爭的紀念碑。也可驅車前往不到 1 公里的通霄海水浴場，暑期會外包給廠商，需購票進入，提供多樣的兒童遊樂設施、海洋音樂。

INFO
$ 免費
🏠 苗栗縣通霄鎮虎頭山公園內
🚗 國 3 通霄交流道約 7 分鐘，路邊停車

海水浴場

神社正面

　　館內有讓小朋友感到驚喜的水柱隧道、鹽科學體驗活動，創意文化園區展示高難度的鹽雕藝術品。深受歡迎的海水泡腳溪長度約 50 公尺，淺水處的溫度較低，也較適合小朋友，戶外有以枯山水打造的日式禪意園林，展售區有著名的冰品、臺鹽相關產品、地方特色農產品。三角狀的建築裡頭則提供平價熱食。

INFO

$ 免費

🕐 8:30~16:30。公休周一，展售中心全年無休

📞（037）792-121

⌂ 苗栗縣通霄鎮內島里 122 號

🚗 臺 61 線開到末端銜接臺 1 線約 2 分鐘即可到達，備有停車場

1 海洋溫泉泡腳溪 2 水柱隧道

㉑ 苑裡鎮 東里家風

已有百年歷史的園區，左右為「鄭家老厝」，仿古招牌是許多電視臺進駐拍片取景的地方；中有「東里家風」三合巨院，改建成特色民宿，庭院前壯觀的喬木是百年龍柏。可預訂午餐，享受道地的「割飯」。園內還有傳統喜餅鋪，提供多種口味試吃，園外的草坪上可見附近農家飼養的牛隻。

INFO

$ 免費
🕐 8:00～17:00。全年無休
📞 （037）853-158
🏠 苗栗縣苑裡鎮苑坑里 2 鄰 8 號
🚗 國 3 苑裡交流道約 14 分鐘，路邊停車

3 復古的場景 4 人力三輪車

㉒ 苑裡鎮 山腳國小

山腳國小旁的日治後期宿舍群曾經荒廢多年，是大家避而遠之的地方。在地方人士有心重建下，如今已蛻變成為可供民眾休息的地方。園內有生態池、木棧道、廣植喬木、種植花海，儼然已成為觀光景點。校園內有幼兒園，因此有大型、適合幼童的溜滑梯，國小入口處旁的圍牆上，可以看到紅磚瓦拼貼而成的農村牛耕圖騰。

INFO

$ 免費
📞 （037）745-024
🏠 苗栗縣苑裡鎮舊社里 10 鄰 47 號
🚗 國 3 苑裡交流道約 5 分鐘，備有停車場
ℹ️ 兒童遊樂設施

日式宿舍群

㉓ 苑裡鎮 金良興觀光工廠

原名為灣麗磚瓦文物館，以苗栗著名的火炎山泥岩製成的紅磚，品質好，口碑佳。工廠內部作業時間溫度較高，假日工人休息時才能入內參觀，園區不大，在入口處有特別的縮小版磚塊，小朋友可以輕鬆搬運堆疊，還提供木窗可以組成別具特色的紅磚屋。DIY 磚雕有多種動物圖案可選，餐飲提供簡單熱食和飲料。

INFO

- $ 門票 100 元，50 元可抵消費。DIY 磚雕 350 元
- 🕐 9:00~12:00、13:00-16:30。公休周一
- 📞 （037）746-368
- ⌂ 苗栗縣苑裡鎮山腳里錦山 71-17 號
- 🚗 國 3 苑裡交流道約 7 分鐘，備有停車場
- ℹ️ 兒童遊樂設施、DIY 磚雕

用磚塊蓋房子

苗栗

㉔ 苑裡鎮 藺草文化館

藺草帽曾是苑裡鎮著名的外銷產品之一，隨著產業的沒落，農會利用閒置多年的舊倉庫改建成「藺草文化館」，內部展示多種藺草工藝品，並利用袖珍模型演示早期藺草工藝的製作過程，館內有一小區榻榻米可以讓小孩爬行。館外正前方的稻田每年會規劃不同的主題，夏季來臨時，即可呈現主題圖騰。

INFO
$ 免費
🕐 9:00~17:00。公休周一
📞 （037）741-319
🏠 苗栗縣苑裡鎮灣麗路 99 號
🚗 國 3 苑裡交流道約 4 分鐘，備有停車場
ⓘ 爬行區

1 榻榻米區 2 稻田主題彩繪

㉕ 苑裡鎮 愛情果園

歐洲稱小番茄為 LOVE APPLE，也是愛情果園名稱的由來。入口處有色彩繽紛的招牌，還有迎賓人偶公仔！園區以溫室栽培有機番茄，品種多樣，也依季節種植不同的蔬果：小黃瓜、彩色甜椒、香瓜等，民眾皆可自行採果，秤重計價。戶外有生態池，逛完藺草文化館後，不妨步行 2 分鐘，到此消費，刺激並提升一下農業經濟。

INFO
🕐 9:00~17:00。公休周一
📞 （037）747-607
🏠 苗栗縣苑裡鎮灣麗路 98 號
🚗 國 3 苑裡交流道約 4 分鐘，路邊停車
ⓘ DIY 採果

入口處的迎賓小女孩公仔

有機稻場結合有機產業、稻田生態與體驗農村生活作為主要服務項目。販售著名的有機「鴨間稻」（利用鴨子在稻田除害蟲），還有很多與米相關的副產品：爆米香、米麩，並將商品結合插畫，讓產品更具特色。館內還有古早嬰兒搖籃、石頭彩繪，並提供一些簡易玩具，如拼圖、木質玩具。館外後方有飼養家禽。

INFO

$ 9:00～17:00。公休周一

☏ （037）743-616

⌂ 苗栗縣苑裡鎮玉田里 91-5 號

🚗 國 3 苑裡交流道約 3 分鐘，路邊停車

ℹ 兒童遊樂設施、動物農場

1 入口處的風車走道 2 古早嬰兒搖籃

㉗ 南庄鄉 相遇森林屋

　　山路崎嶇，經過像《龍貓》般的綠色隧道，果真見到夢幻森林小屋！門前小溪涓涓流下，拾階而上沿途可見精心彩繪的裝置。主人將木頭、石子彩繪上自己喜歡的圖案，是個拍照的好地方；如果喜歡老闆的作品也可購買，或是自己 DIY 彩繪喔！園內也保留不少原生植物：油桐樹、山黃麻、筆筒樹等。套餐中價位，還有兩隻平易近人的店貓。

INFO

$ 低消 150 元，套餐 350 元起，DIY 彩繪 150 元

🕐 10:30~17:00，假日延長至 18:00

📞 （037）822-475

🏠 苗栗縣南庄鄉南富村 22 鄰四灣 77-10 號

🚗 國 1 份交流道約 30 分鐘，會經過醒目的地標「白雲寺牌樓」，循著蘇鐵化石的路標即可到達，路邊停車

ℹ️ DIY 彩繪

3 充滿童趣風的彩繪 4 抬頭一看，還有展翅高飛的鳥兒

喜好自然的老闆，選擇在偏僻的南庄山林中蓋起自己的手作小屋，融合美式鄉村、日式雜貨、法式浪漫風，會讓喜好田園小物的朋友為之瘋狂！戶外種植色彩繽紛的觀葉植物、精心培養的盆栽、療癒的多肉植物。可以選擇紫色的浪漫小屋，或是在日式迴廊裡頭用餐，室內有著溫馨的布置，擺設各種雜貨：乾燥花、手工藝品、原木小屋等，另有提供住宿。

INFO

- $ 套餐 380 元起，Pizza 較熱門，建議先預訂
- 🕐 9:00～20:00，假日延長至 21:30
- 📞 0919-822379
- 🏠 苗栗縣南庄鄉蓬萊村 42 份 7-6 號
- 🚗 國 1 頭份交流道約 45 分鐘，會經過經南庄遊客中心和蓬萊生態園區，備有停車場

1 戶外一隅
2 雜貨小屋

㉙ 南庄鄉　蓬萊溪護魚步道

　　長約 2.4 公里，木棧道沿著蓬萊溪旁搭建而成，可見鏡花水月般的清澈池潭，沿途有木雕魚解說看板，例如：喜歡躲在岩石底下的極樂吻蝦虎、臺灣地區特有種的馬口魚，還有豐富的植被，夏天賞桐花，冬天觀櫻花。階梯不陡，坡度平緩，很多爸爸媽媽帶著學步兒來此踏青。假日入口處有不少攤販。距橄欖樹咖啡民宿約 3.5 公里。

INFO

⌂ 苗栗縣南庄鄉蓬萊村
🚗 國 1 頭份交流道約 40 分鐘，會經過經南庄遊客中心，備有停車場

沿途景觀

㉚ 泰安鄉　泰雅文物館

　　泰安溫泉遠近馳名，無味無色，在此處的戶外設有免費的泡腳溫泉，還可一邊享受山巒景致。1F 展示泰雅族工藝品、文物、攝影展，聲音劇場運用小型機器人表演泰雅歌舞，後方有泰雅服飾磁鐵拼圖，還有口簧樂器的音樂按鈕。2F 的森林體驗區有深受小朋友喜愛的 3D 臺灣黑熊、梅花鹿看板、地板投影、螢火蟲夢幻美景、數位泰雅服飾。

INFO

$ 免費
🕘 9:00~17:00。公休周一
📞 （037）941-805
⌂ 苗栗縣泰安鄉錦水村 46-3
🚗 國 1 公館交流道約 25 分鐘，備有停車場
ⓘ 哺乳室

3 3D 臺灣野生動物 4 戶外的泡腳溫泉

入口處即可看到顯眼的超級大草莓，旁邊還有許多臺灣各地盛產的水果模型：西瓜、楊桃、水梨等。1F 為草莓相關產品的農特產品展售區，2F 是放映室及禮品區，3F 有草莓生態展示館，介紹草莓的歷史文化、種植的背景知識，4F 為特色餐廳及空中花園，5F 有露天空中花園。大湖酒莊最大特色在於生產製造草莓酒，還有專業的地窖藏酒室可參觀，周邊且有非常多的採草莓農園。

1 戶外的水果藝術裝置 2 3F 草莓生態展示館

INFO

$ 免費

🕐 9:00~17:30，假日延長至 18:30

📞 （037）994-986

🏠 苗栗縣大湖鄉富興村八寮灣 2-4 號

🚗 國 1 公館交流道約 15 分鐘，備有收費停車場

ℹ️ 哺乳室

一進入園區即可看到迎賓觀水池，小朋友可以在此餵魚；旁邊的森林裡還藏有一座樹屋。園內處處可見精心種植的花草，也有展售區販售盆栽。花田旁邊設有投幣式小火車、機械動物車。還有香草能量花園、精油館。另外男生廁所有造型特殊的便器喔！用餐可選擇在古樸的原木屋內享用中式餐點，也可到充滿雨林風情的半戶外用餐區。草坪廣場旁的歐式城堡是民宿區。

INFO

$ 門票 100 元，可抵消費。套餐 380 元起

🕐 8:00~18:00。全年無休

📞 （04）2589-1589

🏠 苗栗縣卓蘭鎮西坪里西坪 43-3 號

🚗 國 1 三義交流道約 25 分鐘，備有停車場

ℹ️ 兒童遊樂設施

歐式城堡民宿前廣場

苗栗

Vila 是住在森林裡的精靈，Villa 則是鄉村住宅莊園，整個園區如同其名，彷彿進入精靈打造的夢奇地！園區花草爭奇鬥豔，旁邊的廣場有原木溜滑梯、遮蔭沙坑、原木積木（挺有重量，3 歲以上較合適）、木馬、翹翹板、DIY 彩繪原木小屋。青草馬園可預約馬術騎乘活動，森林廚房提供西式套餐，戶外增設南洋茅草用餐區，另有提供住宿。

INFO

$ 門票 150 元，100 元可抵消費。森林廚房套餐 380 元起，兒童餐點 320 元，DIY 原木彩繪皆 250 元

🕐 9:00~17:00，假日延長至 19:00

📞 （04）2589-8866

🏠 苗栗縣卓蘭鎮西坪里 3 鄰西坪 33-1 號

🚗 國 1 三義交流道約 25 分鐘，備有停車場

ℹ️ 兒童遊樂設施、DIY 彩繪小屋、兒童餐點

3 樹屋 4 種滿花卉的園區一隅

臺中

① 后里區 月眉觀光糖廠

已有百年歷史的糖廠，是臺灣早期少數以蔗渣燃燒鍋爐產生蒸氣，用來供應全廠電力的工廠。目前月眉糖廠已經停止工廠作業，轉為觀光休閒的園區，民眾仍可一覽早期的機組設備。園內還有臺灣唯一的「囪底隧道」，連絡鍋爐和煙囪之間，復古的拱門隧道內，展示令人懷古的老照片，煙囪上有二次世界大戰的彈痕遺跡。早期運輸蔗糖的五分車如今已改裝成色彩繽紛的遊園車，園內有日式風情的冰品販售區、以檜木打造的農特產品銷售處，噴水池裡飼養多條鯉魚，旁邊倉庫牆壁上有五顏六色的卡通圖案。樸素的房舍裡頭陳列古代農家文物，園區多處設有兒童遊樂設施，有溜滑梯、投幣式騎乘玩具、手搖船等。蜜蜂展示館介紹蜜蜂生態，體驗用離心機純化蜂蜜，園區後方有一排動物區，飼養著鴕鳥、家禽、兔子、迷你豬等。

INFO

- $ 遊園車 90 公分以上兒童票 50 元，大人 90 元
- 🕗 8:00~17:30。全年無休
- 📞 （04）2556-1100
- 🏠 臺中市后里區甲后路 864 號
- 🚍 國 1 后里交流道約 2 分鐘，備有停車場
- ℹ️ 兒童遊樂設施、動物農場、哺乳室

1 冰品販售區 2 五分車 3 囪底隧道 4 彩繪牆 5 手搖划船 6 農特產品銷售處 7 投幣式兒童遊樂設施

② 后里區 木匠兄妹 DIY 休閒園區

木匠哥哥和妹妹為了傳承父親辛苦大半輩子的木工，成功利用文創商品，並將園區打造成親子同樂的木工 DIY，讓自家工藝得以延續；商品多樣，有彈珠臺、小屋信箱、彩繪木椅等。戶外有溜滑梯、沙坑、踩高蹺、大型原木積木，還飼養迷你雞、兔子，旁邊則是有機菜園；餐廳提供平價輕食、飲料、DIY 創意飯糰。驅車 4 公里即可抵達東豐鐵馬道，體驗在優美的綠色隧道下親子共乘腳踏車的樂趣。

INFO
- 💲 DIY 木工 150 元起
- 🕐 9:00~17:00。全年無休
- 📞 （04）2559-0689
- ⌂ 臺中市后里區舊圳路 4-12 號
- 🚗 國 4 后豐交流道約 5 分鐘，備有停車場
- ℹ️ 兒童遊樂設施、DIY 木工

商品展售區提供試玩的服務

③ 后里區 中社花市觀光農園

農園前半部為園藝販售中心、室內烤肉區、親子遊戲區：投幣式玩具、租手搖船。後半部是占地廣闊的花海區。一年四季都有不同的美麗花海風情，花卉依季節變換，每年春節吸引大批遊客前往欣賞色彩繽紛的鬱金香，春天則是百合花盛開的時間，設施有風車、鄉村小屋、浪漫鋼琴、南洋茅屋、拱橋、花卉隧道。

INFO
- 💲 門票 100 元
- 🕐 9:00~18:00，假日延長至 21:00
- 📞 （04）2557-6926
- ⌂ 臺中市后里區三豐路 469-13 號
- 🚗 國 1 三義交流道約 10 分鐘，備有停車場
- ℹ️ 兒童遊樂設施

1 七彩花田 2 鄉村小屋

臺中

❹ 神岡區 田中間豬室繪社

　　阿公的廢棄豬圈，在孫女的巧手下，彩繪外牆、種植多肉植物，改造成結合休閒與藝術的祕密基地。內部有畫展室、放映室、咖啡廳，販售木果麵包，也提供場地租借，舉辦家庭聚會等；後院的草坪飼養兔子、家禽，還有吊床休息區。店狗「扣頭」是隻流浪犬，在文創商品旁也設有流浪犬募款基金，期望幫助更多的狗兒；另有有開設兒童繪畫課程。老闆自述愛亂跑，所以建議先預約會比較理想唷！

INFO

🕐 周三至周五 13:00~18:30，假日 11:00~19:00
📞 （04）2534-5391
🏠 臺中市神岡區中興路 102 巷 18 號
🚗 國 1 豐原交流道約 8 分鐘，備有停車場
ℹ️ 兒童繪畫課程

豬圈改造而成的文藝小天地

❺ 大雅區 富林園洋菓子

　　大雅區有臺灣少見的小麥田，3 月形成金黃色的麥浪，彷彿置身於歐洲鄉間！富林園洋菓子使用在地小麥，結合日本製菓技藝、法式烘焙藝術，做出蛋糕、燒菓子、蛋白糖等商品，包裝精美，送禮自用兩相宜，還有提供試吃的服務。館內挑高明亮，紅色簾幕讓大廳更添貴氣，城堡前還有一片很舒服的草坪。DIY 彩繪煎餅須預約，經驗老道的師傅會示範如何手烤煎餅，之後可以利用模型繪製複雜的圖騰喔！

INFO

$ DIY 彩繪煎餅 150 元／6 片
🕐 10:00~20:00，假日提早至 9:00
📞 （04）2569-2798
🏠 臺中市大雅區中清路四段 340 號
🚗 國 1 中清交流道約 5 分鐘，備有停車場

童話屋般的城堡外觀

⑥ 北屯區 Buka 這一隻熊

是間超可愛日雜兼咖啡屋小店。園內種植大量觀葉植物、精心設計的花卉，浪漫的木船、鐘樓、超大巨椅，但小朋友最愛的當然還是沙坑。入館須低消一杯飲料，採樓中樓設計，後方還有一塊充滿復古氣息的半露天庭園，從石踏板穿越水池後，又呈現不一樣的懷舊風格；另一館則為日雜小店，喜愛 zakka 手作的朋友千萬別錯過囉！

1 戶外草皮 2 咖啡館後方的庭園

INFO

$ 低消一杯飲品，90 元起

🕐 9:00~18:00。公休周三

📞 （04）2422-2147

🏠 臺中市北屯區山西路三段 161 號

🚗 國 1 大雅交流道約 10 分鐘，路邊停車

ℹ️ 兒童遊樂設施

⑦ 北屯區 梨子咖啡館（崇德店）

梨子咖啡館為臺中知名連鎖咖啡店，崇德店以親子餐廳為導向。一進入餐廳即可看到以綠色為基調的大廳，令人備感放鬆，設有大象騎乘玩具。出側門後有小白石沙坑，需自備工具，旁有高度適合小朋友的沖洗設備。2F（算是閣樓小夾層）有繪本室，須著襪，若家長忘記攜帶，旁邊也有販售，自行投幣 50 元。3F 則是占地頗大的用餐區，陽臺規劃為南洋風情的休息區。

3 大廳接待區 4 繪本室

INFO

$ 大人最低消費任選菜單一項商品，兒童最低消費 120 元；3F 套餐 280 元起

🕐 11:00~23:00，假日 8:00~23:00

📞 （04）2249-0399

🏠 臺中市北屯區崇德路三段 1 號

🚗 國 1 大雅交流道約 5 分鐘，備有停車場

ℹ️ 兒童遊樂設施、哺乳室

臺中

⑧ 北屯區 寶之林

是由臺中市政府環保局創立的資源回收再利用園區，園內俯拾皆是用廢棄的回收物做成的藝術裝置，有輪胎做的盪鞦韆、厚紙箱做的搖馬、廢鐵焊成的椅子、光碟拼貼而成的圖騰等。館內除了有二手商店，還有修復後的大型家具、環保宣導館，後方蔬菜區所施用的肥料，則是利用吃不完的廚餘轉化而成。這裡不但適合親子踏青，更具有深遠的教育意義！

INFO

- $ 免費
- ⏰ 08:00～17:00。公休周三
- 📞 （04）2436-9702
- 🏠 臺中市北屯區環中東路二段 333 號
- 🚗 國 1 大雅交流道約 6 分鐘，備有停車場
- ℹ️ 兒童遊樂設施、哺乳室

草皮上有搖馬可以騎

⑨ 北屯區 ㄚ 德俐鼠童書城

顯眼的城堡外觀，一進入館內即可看到噴火龍。裡頭除了擁有豐富的童書，還有適合大人的旅遊、養身系列書籍，更棒的是，館內提供多種免費試玩教具：有桌遊、益智玩具、餐廚玩具、滑行板、動力沙等；2F 的 DIY 區打造成飛行甲板，還可以欣賞故事劇。

5 噴火龍懸吊於天花板 6 有許多教具可試玩

INFO

- $ DIY 199 元／一大一小
- ⏰ 9:30～19:00。全年無休
- 📞 （04）2707-7262
- 🏠 臺中市北屯區祥順路二段 389 號
- 🚗 臺 74 線松竹交流道約 5 分鐘，備有停車場
- ℹ️ 兒童遊樂設施、DIY 課程

薰衣草森林的分店,不同以往須遠赴深山,心之芳庭坐落於市區周邊。園區處處呈現迷人的南法風情,粗獷斑駁的紅牆,有如走在歐洲古城一般,是拍照取景的好地方。「森林音樂盒」展示世界各國的音樂盒;「親親。我的家」為餐點區,飲料可續杯;「Marche市集」也可買到甜點、冰品、炸物,假日總是人潮洶湧。

INFO

$ 門票 200 元,平日可全抵消費,假日折抵一半;18:30 後入園免費。「親親。我的家」套餐 390 元起

🕐 11:00~19:30,假日提早至 9:30

📞 (04) 2439-2743

🏠 臺中市北屯區芳庭路 1 號(緊鄰國際高爾夫球場)

🚗 臺 74 線太原交流道約 10 分鐘,備有停車場

ⓘ 哺乳室

1 歐洲童話故事般的場景 2 香草鋪子

臺中

　　園內以傳統閩南式建築為主軸，有拱橋、迴廊、花圃、流水、雅致的荷塘等場景。四合院建築的民俗館中，陳設古意的紅床、梳妝臺、原木家具、新娘轎，旁邊有踩高蹺、摸蜊洗盆的體驗。地下室展示先民的生活文物，許多人家中老舊的廢棄物，在公園內都變成骨董級文物；「紅樓夢」餐廳提供的中式套餐，登上 2F 可看見不一樣的風景，民俗技藝館提供製紙、竹編等活動，節慶時也可看到雜耍、舞龍舞獅與打陀螺。

INFO

- $　門票 80 元，40 元可抵消費；市民票 50 元，20 元可抵消費
- 🕐　8:30～17:00。公休周一
- 📞　（04）2245-1310
- 🏠　臺中市北屯區旅順路二段 73 號
- 🚗　國 1 大雅交流道約 12 分鐘，路邊收費停車
- ℹ️　兒童遊樂設施。提供寶寶周歲抓周，需事先上網預約

古意盎然的園區

戶外有小型迷宮、沙坑、搖搖馬、翹翹板、盪鞦韆、好幾座溜滑梯、數座造型鐵欄可攀爬，磚道平緩，有不少兒童在此練習腳踏車，大樹成蔭，夏日來也有不少遮蔭處。園內生態豐富，有不少鴿群、松鼠，生態湖可餵烏龜、魚，旁邊的童玩店有賣飼料，假日會有沙畫畫家來公園擺攤。

3 層樓圓形建築的兒童館內有動態遊戲室，限定 5 歲以內或 120 公分以下，區分為幼兒爬行區，提供平軟墊教具、小型攀岩場，訓練小孩的大肌肉區；小肌肉發展區則有兒童建構式教具：益智玩具、大型積木、棋藝設備；藝術創作區則有大面積的塗鴉牆、丟黏魔鬼氈。假日有分時段，建議提早到場拿號碼牌，1F 的兒童繪本教室提供多國語言繪本，還有專為新移民規劃的區域；2F 也有不少繪本藏書，在閱覽室的後方還藏有一間乳酪洞穴閱讀小屋，一格格舒適的沙發洞穴，假日是孩子兵家必爭之地。

INFO

- 💲 免費
- 🕐 9:00~17:00。公休周一
- 📞 （04）2249-0399
- 🏠 臺中市北屯區興安路一段 162 號
- 🚗 國 1 大雅交流道約 12 分鐘，路邊收費停車
- ℹ️ 兒童遊樂設施、爬行墊、哺乳室

臺中

1 戶外遊樂設施 2 數座造型鐵欄 3 鐵欄可攀爬 4 動手操作區 5 大肌肉區旁邊有小型攀岩場 6 藝術創作區 7 訓練小手協調 8 乳酪洞穴閱讀小屋

⑬ 北區 國立自然科學博物館

　　占地廣闊的科博館，提供多元化的服務。戶外有舒適的大草坪、巨大恐龍模型、DNA藝術裝置，室內展覽有立體劇場、太空劇場、常設展、特展，科學中心 5F 有幼兒科學園，限齡 3 至 8 歲，館員會稍放寬條件，提供多種原木教具、繪本，潛水艇播放室旁有鱷魚、海龜標本。頂樓露天平臺有彩虹隧道、貨櫃屋溜滑梯，旁邊有原木年輪桌椅。其他樓層則展示多種可操作趣味科學設施：大泡泡機、星空大轉盤、煙霧製造機、傾斜屋、科學樂器、半導體世界等。1F 提供餐飲服務，植物園入口有大蝴蝶模型，巨大的玻璃溫室，種植多種奇異的雨林植物，人造瀑布讓整個溫室充滿溼氣，地下室有象魚、色彩繽紛的雨林青蛙，販賣處銷售多種科學教具、恐龍模型。整館無障礙空間做得很好，手推車暢行無阻。為提倡民眾來博物館休閒與學習，提供多種優惠方案，如憑票根可於鳳凰谷、921 地震教育園區、車籠埔斷層保存園區以優待票入場。相關資訊可上官網查詢。

INFO

- 💲 科學中心、植物園門票 20 元，展覽中心 50 至 150 元不等。常來此處可辦 200 元恐龍卡，於一年內免費參觀博物館
- 🕘 9:00~17:00。公休周一
- 📞 （04）2322-6940
- 🏠 臺中市北區館前路一號
- 🚗 國 1 臺中交流道約 10 分鐘，收費停車場
- ℹ️ 兒童遊樂設施、哺乳室

臺中

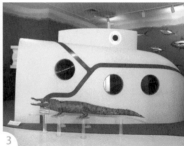

1 戶外的巨大恐龍模型 2 幼兒科學園的教具 3 潛水艇播放室 4 貨櫃屋溜滑梯 5 需要一些力量和技巧才能製造出大泡泡 6 玻璃溫室植物園 7 雨林青蛙模型 8 溫室的屋頂

⑭ 北區 文英兒童公園

　　臺灣到處都有小公園，但是文英公園的特別之處，是溜滑梯下來直接連著一座沙坑。爬上樓梯，穿越空中木棧道後，有座迷人的小樹屋，樹屋底下是小型迷宮，附近的草坪有小小的坡度，適合小朋友翻滾。此座公園有設計雨水回收系統，是座環保公園，沙坑旁邊可以洗手、簡單清理，但是沒有廁所。

INFO
$ 免費
🏠 臺中市北區三民路與興進路口
　　（緊鄰香蕉新樂園）
🚗 國 1 大雅交流道約 15 分鐘，
　　路邊收費停車
ℹ️ 兒童遊樂設施

1 樹屋底下是迷宮 2 沙坑溜滑梯

⑮ 北區 英才兒童公園

　　園內植物枝葉扶疏，有多種兒童遊樂設施，包括很大的沙坑、體能攀爬鐵欄、盪鞦韆、搖搖椅、適合嬰幼兒的包覆性翹翹板、多座溜滑梯和造型像城堡的體能訓練場。外觀色彩繽紛的 1F 為婦幼館，占地不大的兒童遊戲室提供豐富教具，部分地板並有鋪上軟墊，3F 為婦幼才藝班，可以讓 6 歲以下的孩童與父母透過遊戲學習豐富的知識，是個麻雀雖小五臟俱全的公園。距科博館僅約 1 公里。

INFO
$ 免費
🏠 臺中市北區民權路與英才路口
🚗 國 1 臺中交流道約 10 分鐘，路邊收費停車
ℹ️ 兒童遊樂設施、爬行區、哺乳室

3 質地細膩的沙坑 4 體能攀爬鐵欄

臺中

⑯ 中區 臺中公園

　　為臺中市歷史最悠久的公園，園內古木參天、小橋流水，還有多種可當坐騎的動物石雕。日月湖的手划船可坐兩大兩小，須穿救身衣，悠游於碧綠的湖面、穿越波浪型的拱橋、親近小鴨、鴿子，湖中還會定時噴泉，相當刺激。湖中的湖心亭建於清朝，結合東西方建築特色，造型典雅優美，為市定古蹟，也是臺中著名的地標。兒童遊戲區，有數座溜滑梯、攀爬鐵欄，公園周邊為臺中鬧區，其中自由路有許多特產名店。

INFO

$ 手划船 200 元／小時

⌂ 臺中市中區雙十路一段 65 號

🚗 國 1 臺中交流道約 15 分鐘，路邊收費停車

ℹ️ 兒童遊樂設施、哺乳室

5 日月湖的手划船 6 動物石雕

⑰ 西屯區 雪莉貝爾彩繪冰品專賣店

　　在臺灣紅遍大街小巷的雙色日本冰，原來是菖樺食品所創立的。老闆當初遠赴日本，將傳統的枝仔冰結合日式麻糬的製作技術，連續幾年都獲得臺中十大伴手禮的佳評。實體店面讓大家可以體驗親子 DIY，還有多種天然水果口味可選擇，完成後老闆還送拍立得照片！教室後方備有小型的餐廚玩具。

INFO

$ DIY 熊熊冰 180 元，熊熊蛋糕 280 元；迷你棒棒冰 6 元／隻

🕐 10:00~21:00。公休周二

📞 （04）2311-4299

⌂ 臺中市西屯區臺灣大道三段 42 號

🚗 國 1 臺中交流道約 5 分鐘，路邊收費停車

ℹ️ 兒童遊樂設施、DIY 冰品

DIY 熊熊冰

⑱ 西屯區　秋紅谷

利用特有的凹形綠地，設計以人本、綠能和滯洪為最大考量，成為全臺首座「下凹式」的生態公園。有碎木親水步道、生態湖泊、南瓜馬車，步道兩旁種植大量紅葉植物、搖曳的柳樹。鮮紅色的景觀橋上護欄做得很好，適合幼童，底下的湖泊有大量的魚兒。照明設備讓秋紅谷的夜晚呈現更加浪漫的景象。

INFO

🏠 臺中市西屯區市政北七路與河南路口

🚗 國 1 臺中交流道約 3 分鐘，備有收費停車場

1 下凹式生態公園 2 觀景橋上可餵魚

⑲ 西屯區　紙箱王故事園區（中科店）

古早時代，牛皮紙是用真的小牛皮製成，所以稱為牛皮紙，但造紙技術進步後，發現用針葉樹的木材纖維所做出的紙質相當堅韌牢靠，進而取代真的牛皮。紙箱王園區有大量的紙造型藝術裝置，戶外有火車、羊駝、愛心小屋、蜜蜂，連廁所也是用紙做的！販售區有許多與紙相關的藝品，不同尺寸的紙搖馬，大人小孩都可以騎乘。紙餐廳更將紙箱的用途發揮得淋漓盡致，不論是桌椅、飲料杯、火鍋都是用紙特製而成的喔！

3 戶外休息區 4 販售區的紙搖馬

INFO

💲 本館大坑門市門票 200 元，100 元可抵消費。其他各地主題園區不收門票

🕐 10:00~21:00，假日延長至 22:00

📞 （04）2461-8553

🏠 臺中市西屯區西屯路三段 281 巷 1 號

🚗 國 1 臺中交流道約 6 分鐘，路邊停車

臺中

⑳ 西屯區 十方之愛樹上咖啡座

又名十方啟能中心，屬於公益團體，收入全用作公益，如幫助有缺陷的小朋友早療。用餐區旁有一大片玻璃，可以清楚地看到鋪上軟墊的遊戲區，設備有大型體能球、簡易教具、繪本、騎乘玩具，木質溜滑梯下面接球池，缺點是沒有冷氣。用餐區的架上有販售一些二手商品，平日團體預約另有折扣。

INFO

$ 平價餐點 50 元起，有兒童飛機餐

🕐 10:00~17:30。公休周一

📞 （04）2452-2703

🏠 臺中市西屯區福吉街 15 號

🚗 國 1 臺中交流道約 5 分鐘，備有停車場

ℹ️ 兒童遊樂設施、爬行區、哺乳室、兒童餐點

5 6

5 明亮的遊戲區 6 飛機餐

㉑ 西屯區　益健乳羊牧場

主要飼養乳羊，但若仔細一看，也可以發現混雜於其中的馬兒，園內放置一些已不能投幣的遊樂器材，可以坐上去乾過癮，但無法正常運作發出歌聲了。販售區銷售羊乳製品：饅頭、羊奶、羊乳片、冰品，還可以預約擠羊奶喔！唯獨入口處不太明顯，園區介於美食區和都會公園中間的小路，有個高聳的水塔，緊鄰臺中都會公園，結束餵羊後，可以到公園內放風箏、騎單車。

餵羊吃草

INFO

$ 牧草一把 20 元，三把 50 元。平日櫃檯沒人可自行投幣

🕐 6:00~19:00。全年無休

📞 （04）2461-8321

🏠 臺中市西屯區林厝里西平南巷 22 號

🚗 國 1 臺中交流道約 15 分鐘，備有停車場

ℹ️ 動物農場

㉒ 西屯區　鞋寶觀光工廠

館內展示相當豐富的製鞋工藝知識：從模型的製造、鞋底的選擇、皮革的種類、上膠的步驟、到如何挑雙好鞋，皆非常用心介紹。兒童動手區提供數個皮革和鞋帶，教你多種綁鞋帶的方法，唯獨室內局部沒有空調，夏天較熱。有蝶谷巴特彩繪鞋可以 DIY，販售區以女鞋和童鞋為主，還有輕食小鋪，戶外的大草坪上有大皮球和足球用的球門。

1 入口廣場有一整片鞋模的彩繪吊飾和古早童玩 2 足球場

INFO

$ 門票 100 元，4 歲以上兒童 50 元，可抵消費，DIY120 元起

🕐 9:30~17:00。公休每月最後一個周二

📞 （04）2350-5773

🏠 臺中市西屯區工業區八路 11 號

🚗 國 1 臺中交流道約 8 分鐘，備有停車場

ℹ️ DIY 彩繪鞋

臺中

㉓ 西屯區 東海大學

　　校園老樹蓊鬱，日式建築讓整個校區更顯得寧靜古樸。從正門口步行 5 分鐘可到立牌牛，立牌牛再往前 5 分鐘可到達著名的路思義教堂，教堂前方有很大的草坪。聖誕節前後會有藝術裝置，適合做親子體能運動。立牌牛往前步行 10 分鐘會到達乳品小棧，可以買新鮮的乳製品，再繼續步行 3 分鐘是牧場，可餵牛吃草。由於校園廣大，且坡度起伏，建議攜帶手推車。

INFO
- $ （04）2359-0121
- ⌂ 臺中市西屯區臺灣大道四段 1727 號
- 🚗 國 1 臺中交流道約 6 分鐘，備有收費停車場
- ℹ 動物農場

立牌牛

㉔ 龍井區 東海藝術街

　　相較於不到 1 公里處遠的東海夜市，藝術街顯得特別寧靜，且充滿人文氣息，藝品店、咖啡店林立。其中的科比意廣場較適合小朋友，有販售古早童玩和零食的柑仔店、愛心書坊賣英文二手童書，也提供兒童英文課程。假日常可見小朋友在廣場租借蛇板練習，後方的巷子裡有午後書坊二手書店，內部有榻榻米閱讀區，也有不少二手童書可選購；廣場斜對面的巷子有街頭彩繪。

3 柑仔店 4 街頭彩繪

INFO
- $ 蛇板 50 元／半小時
- ⌂ 臺中市龍井區藝術街
- 🚗 國 1 臺中交流道約 10 分鐘，周邊收費停車場

　　室內除了美展作品，2F 有兒童遊戲室，秉持致著「藝術式遊戲，創意是感動。在這裡動手非禁忌、創作非神話、藝術也不再高不可攀」的理念，提供 12 歲以下兒童美術創作的遊戲空間。0 至 6 歲幼兒專區有多種建構式教具、穿針引線、黑暗探索迷宮、大型積木；孩子可以恣意地在水泥牆上沾水作畫，還有萬花筒鏡像、角色扮演衣服道具、大型立體拼圖、大型積木創作區、免費 DIY 內容常會更新，如聖誕節製作聖誕樹，材料免費提供。

　　地下室有兒童繪本館，內部設計相當童趣。若騎自行車，建議搭配 2 公里的綠園道，沿途會經過草悟道和勤美術館。草悟道的 B1 有數家文創商店，廣場前停放的遊園車可讓小朋友坐上去體驗，旁邊有魚菜共生示範：魚池的水供應菜生長的營養，植物幫助淨化魚池；廣場提供親子腳踏車、滑板車、智能平衡車等租借服務。勤美術館提供藝術家不斷創作的藝術空間，定期會更新不同的地景展示。有片不小的舒適綠地。

INFO

- $ 免費
- 🕘 9:00~17:00，假日延長至 18:00。公休周一
- 📞 （04）2372-3552
- ⌂ 臺中市西區五權西路一段 2 號
- 🚗 國 1 臺中交流道約 15 分鐘，備有收費停車場
- ⓘ 兒童遊樂設施、爬行區、DIY 課程、哺乳室。不分齡區需特別留意幼童的安全

1 畫畫創作和軟式積木區 2 水泥牆作畫區 3 幼兒區 4 兒童繪本館 5 勤美術館廣場歇腳處 6 草悟道地下室一覽

臺中

進入後，映入眼簾的是 DIY 區，接著會來到戶外的遊樂區。整個木工坊就如同遊樂場，有許多大型木製玩具：蛇形彈珠臺、原木拼圖、鋸木臺、轉動恐龍等，還有各種動物造型的木頭手拉車、多座特色溜滑梯，如樹屋、魔豆、恐龍等，適合各個年齡層的小朋友。主題兔子區有兔子溜滑梯、兔子木雕椅，兔籠旁邊擺放了乾草，小朋友可直接自行取用餵食兔子。後方的遮蔭棚下，有大型彈珠臺、釣木魚、釣玻璃瓶，還有木製的紅龜粿紀念章。三合院改裝為獨角仙的育嬰室，古厝旁邊也應景地擺放許多早期農具、推車，販賣部有可愛木工藝品、各式各樣的高品質木工玩具，並有試玩樣品。園區禁帶外食，有咖啡廳提供輕食飲料。

阿嬤的菜園禁止進入，喜歡阿嬤的有機蔬菜可以至園區後方的誠實商店購買，架上限量擺放當日現採蔬果，自行投幣即可購買。

INFO

$ 3 歲以上門票 200 元，120 元可抵消費，購票時可拿到一
　顆大彈珠，多個木製玩具皆可使用。DIY 課程 200 元起

🕐 9:00～17:30，僅假日開放，寒暑假會開放平日

📞 （04）2262-8621

🏠 臺中市南區樹義路 63 號

🚗 國 1 南屯交流道約 12 分鐘，備有停車場

ℹ️ 兒童遊樂設施、DIY 木工、哺乳室

7

8
10

9
11
12

13

7 園區有多種大型原木教具 8 轉動滾輪，恐龍的嘴巴會動喔！9 主題兔子區 10 大型彈珠臺 11 獨角仙的育嬰室是由三合院改裝而成 12 販賣部提供試玩的樣品 13 DIY 樣品

27 南區 臺中文化創意產業園區

　　為臺中舊酒廠，後由文建會利用廢棄的倉庫改造成藝文園區。而臺灣菸酒也在其中一個倉庫設立酒莊，裡頭有多種限量好酒，還有橡木桶做成的桌子供遊客休息。園區有好幾個展覽館，有現代科技館、日式禪意庭院，大部分免費自由參觀，特展才要收費，園內也是流浪書「讀冊吧」交換書籍的據點。菸草儲藏倉庫的磚牆上還保留二次大戰美軍機關槍掃射的痕跡，戶外草坪上有特別的青銅藝術裝置，方舟咖啡廚房提供輕食、飲料。

1 園區廣場 2 日式庭院

INFO
$ 免費
🕐 戶外 6:00～20:00
📞 (04) 2229-3079
🏠 臺中市南區復興路三段 362 號
🚗 國 1 臺中交流道約 15 分鐘，備有收費停車場
ℹ️ 哺乳室

28 南區 國立公共資訊圖書館

　　位於圖書館 1F 的兒童學習中心，童趣的入口處有一整片的數位互動牆，但是圖書館要保持安靜，須避免小朋友太興奮。館內設計呈現自然風格：大樹休息椅、樹洞閱讀區、香菇閱覽室、機器 AR 互動繪本，將特殊設計的書放到機臺前，會有 3D 影像出現喔！吸睛的貓頭鷹機器人在館內漫步走動，不時會眨眨眼睛，原來是自動還書的機器人！館外商店「ㄚ德俐鼠」，販售齊全的童書，還提供多種教具試玩。

3 樹洞閱讀區 4 ㄚ德俐鼠童書城

INFO
🕐 9:00～20:00，周日至 17:00。
　公休周一
📞 (04) 2262-5100
🏠 臺中市南區五權南路 100 號
🚗 國 1 臺中交流道約 15 分鐘，
　備有收費停車場
ℹ️ 哺乳室

臺中

㉙ 沙鹿區 沙鹿兒童福利中心

　　須辦理兒童證（健保卡 +1 吋照片）才能進入 2F 活動室，限齡 7 歲以下。空間有百餘坪，全區皆鋪上軟墊，提供多種教具、溜滑梯、大小積木、餐廚玩具、平衡大肌肉訓練、釣魚池等，1F 也有一些遊樂設施，不需辦證即可使用，有小型溜滑梯、軟積木、小手操作區、乒乓球桌。

5 1F 自由使用區 6 2F 活動室裡的餐廚玩具

INFO
$ 免費
🕐 8:30~12:00、13:30~17:00。
　公休周一
📞 （04）2635-2551
🏠 臺中市沙鹿區福幼街 8 號
🚗 國 3 沙鹿交流道約 8 分鐘，路邊停車
ℹ️ 兒童遊樂設施、爬行區、哺乳室

㉚ 南屯區 豐樂雕塑公園

　　是全臺第一座雕塑公園，展示不同材質的雕塑藝術品。公園有廣場區、大草坪、瀑布、涼亭、湖畔間有波浪形高橋，可以站在橋上盡覽明媚風光，手搖船、腳踏船、家禽悠遊於湖中，夜晚點燈後，呈現浪漫情懷。兒童遊戲場有兩處，一處較多座溜滑梯，另一處的溜滑梯有滑翔設備，比較特別。

7 優美的橋墩 8 滑翔溜滑梯

INFO
$ 免費
🏠 臺中市南屯區文心南五路 331 號
🚗 國 1 南屯交流道約 10 分鐘，備有收費停車場
ℹ️ 兒童遊樂設施

坐落在大里運動公園內的兒童藝術館，若不仔細看很容易錯過入口。此處是臺灣唯一專為兒童打造的藝術館，售票亭是非常亮眼的紅色大巴士，進入後，可先請櫃檯代訂便當，如果想出外覓食的話，可蓋章重複入館。

共有 3 個樓層。1F 將《愛麗絲夢遊仙境》的故事轉化成真，有大樹體能攀繩網、貝殼山洞、哈哈鏡、多種角色服飾、傳聲筒、踩跳鋼琴，還有著名的地標「毛毛蟲」，定時會有說故事時間；常設展區有機艙，裡頭還提供機長帽、空服員制服讓小朋友體驗，還有小型的溜滑梯出口。2F 有吸睛的龍貓公車，內部設有休息椅，並有 DIY 美術體驗、巨人萬花筒、益智玩具、塗鴉樂園，還有小朋友最愛的扮家家酒遊戲區，包含豐富的食材道具。3F 有大型積木區、彩虹空中步道、音樂世界，各個小包廂裡配置不同的樂器，讓小朋友盡情把玩，其中「梵谷的房間」，能讓小朋友了解這位舉世聞名的畫家。旁邊有藏書豐富的兒童繪本，數位藝術體驗室也有數個小包廂，每間播放不同的影片。

由於館內分成數個不同的主題室，經由圓環通道互相連接，入內需脫鞋，因此記得幫小朋友準備容易穿脫的鞋子。每個主題室都有紀念章，集完戳章後可換小禮物喔！

INFO

$ 門票 80 元，3 歲以下 90 元，3 至 12 歲 100 元。付票入館即可免費體驗 DIY 活動

🕐 9:30~17:30，假日延長至 18:00。公休周一

📞 （04）2486-0069

🏠 臺中市大里區勝利二路 1 號

🚗 國 3 中投交流道接臺 63 線，下大里市區交流道後約 5 分鐘，備有停車場；或臺中市公車 100、107、108、131、132 至大元村站

ℹ️ 兒童遊樂設施、爬行區、哺乳室

1 公車售票亭 2 著名地標，毛毛蟲 3 大樹攀繩網

臺中

　　自由參觀區有重建記錄館,建於以前的司令臺旁,有地震問答翻盤、玻璃小橋、數位照片互動。2F 則為「熊轉家。小豬食」用餐區,結合文創的空間讓整個氣氛很舒服,大片的落地窗讓採光非常好,主廚推薦的網室健康豬油拌醬,味道令人回味無窮!且有提供限「小屁孩」塗鴉的留言本。

　　進入售票區後,首先映入眼簾的是室內的車籠埔斷層保存館,有巨大地球儀顯示板塊的移動、蓋亞劇場有立體大球,觀眾可以觸控解說螢幕,了解瞬息萬變的行星。採光良好的走廊則有許多機器提供地震科學的相關資訊,地震工程教育館最適合幼童,安全家園遊戲角提供 3 至 10 歲建構式教具,有磁鐵積木、骨牌積木、磁鐵建構、大型積木,透過玩具,學習建築結構、空間認知,還提供工程安全帽讓小朋友更能身入其境!若是未滿 3 歲,也有一小處木板地提供建築相關的軟積木、繪本;旁邊有多種操作機器,適合學齡以上的兒童操作。影像館有攝影展、地震體驗、3D 劇場(15 分鐘,透過卡通影片的方式,讓小朋友認識何謂地震)。戶外保留摧毀的校舍、鐵牛藝術創作、草坪,原木柱子有多種高度,上面標示著不同的高度,45 公分是一般椅子的高度、110 公分扶手的平均高度、160 公分為女性平均身高、300 公分為一層樓的高度。整館的無障礙空間做得很好,在售票處可借手推車。

INFO

$ 門票 50 元,周三 10:00 前免費入園

🕐 9:00~17:00。公休周一

📞 (04) 2339-0906

🏠 臺中市霧峰區坑口里中正路 46 號

🚗 國 3 霧峰交流道約 10 分鐘,備有停車場

ℹ️ 兒童遊樂設施、哺乳室

4 5

8

4 車籠埔斷層 5 認識高度:原木柱子 6 安全家園遊戲角 7 被摧毀的校區 8 室內地震體驗

6　　　　　　　7

南投

① 草屯鎮

② 南投市

③ 魚池鄉

④ ⑤ ⑥ 埔里鎮

⑨ ⑧ ⑦ ⑩

名間鄉 ⑫

⑭ ⑪

⑬ ⑮ 16~18 ㉑

集集鎮

㉒

水里鄉

⑲ 信義鄉

❶ 草屯鎮 台灣工藝博物館

園區占地廣大，有數棟博物館，展示多種屬性的工藝品，並有獨特 DIY 課程。其中適合小朋友的展館有三處：生活館 5F 歡樂森林，有古早益智童玩、摺紙、木雕小板凳、榻榻米、大型香菇造景、習字磚；資訊館 2F 有兒童版數位工藝，設計獨特的電腦遊戲，讓小朋友認識各種元素特性，座椅是復古的竹編板凳；3F 有 3D 互動。戶外的兒童遊樂設施，也以不同的金屬、木頭做設計。

INFO

$ DIY 工藝 200 元起

🕐 9:00~17:00。公休周一

📞 （049）233-4141

🏠 南投縣草屯鎮中正路 573 號

🚗 臺 63 線草屯交流道後約 8 分鐘，備有停車場

ℹ️ 兒童遊樂設施、DIY 課程

1 戶外有金屬工藝遊樂設施 2 歡樂森林

❷ 南投市　台灣麻糬主題館

　　館內入口處有傳統的搗麻糬體驗，可愛的麻糬家族公仔也隨處可見。館內有問答翻轉盤、地板投影、影片播放室（介紹麻糬製造過程）。提供試吃非常大方，另外還有生巧克力、馬卡龍之類的甜點，並於多個地點供應免費茶水。服務臺可租借語音導覽，假日有 DIY 課程，製作麻糬、綠豆糕、草莓大福，依時節而定；2F 有空中露天花園。假日人潮洶湧。

INFO
- $　DIY 課程 150 元／份
- 🕐　9:00~17:00，假日延長至 18:00
- 📞　(049) 226-1123
- ⌂　南投縣南投市自強三路 3 號
- 🚗　國 3 中興交流道約 10 分鐘，備有停車場
- ℹ️　DIY 麻糬、哺乳室

1 2F 產業介紹館入口 2 搗麻糬

❸ 埔里鎮　大黑松小倆口元首館

　　在進入歐式城堡的販賣區前，戶外的廣場就足以讓小朋友流連忘返。有許多巨型的西洋棋、南瓜馬車、3D 地景、彩繪外牆，館內販售商品非常受歡迎，有小鴨餅乾、傳統大餅、文創商品，只是假日人多、吵雜，廣播聲量非常大。金碧輝煌的廁所主題非常特別；2F「菇霸鮮鍋」場內設計以賭場為主題，相當有趣。

INFO
- $　2F「菇霸鮮鍋」提供自助式吃到飽，大人 368 元
- 🕐　10:00~17:00。全年無休
- 📞　(049) 291-8668
- ⌂　南投縣埔里鎮中山路四段 219 號
- 🚗　國 6 愛蘭交流道約 1 分鐘，備有停車場

3 西洋棋廣場 4 藝術鋼琴

南投

❹ 埔里鎮 廣興紙寮

造紙首重水質，而好山好水的埔里，做出來的紙不會因時間或日晒而變黃，品質卓越，贏得「紙的故鄉」之美名。跟著園區地上彩繪的小腳印，走進紙寮工廠內，可以看到整個製紙流程，依古法蒸煮、打漿、烘紙，工人忙進忙出。後方有手抄紙的文藝用品，也可 DIY 拓印紙扇子、手抄押花紙，園區後方有間別具特色的巧克力專賣店。

INFO
- 💲 DIY 紙藝 40 元起
- 🕐 8:30~17:00。全年無休
- 📞 （049）291-3037
- 🏠 南投縣埔里鎮鐵山里鐵山路 310 號
- 🚗 國 6 愛蘭交流道約 5 分鐘，備有停車場
- ℹ️ DIY 手抄紙

5 DIY 拓印區 6 園區後方的巧克力專賣店

❺ 埔里鎮 敲敲木工坊

德國的民間習俗，會將胡桃鉗放置在床邊或窗戶守護小孩。在埔里小鎮中的木工廠，因木器品質優良、技術卓越，曾以外銷胡桃鉗達到巔峰，第二代接手後轉型成為觀光工廠。入口處有小朋友愛騎的洛克馬，胡桃鉗公仔從掌上型到比人還高的都有，可以拉它的小鬍子，嘴巴會發出咖咖咖的聲響！提供組裝音樂盒、彩繪搖搖馬、胡桃鉗等多種 DIY 體驗，後方的遊戲室有廚具、溜滑梯，販賣部提供多種教具試玩，但是館內沒有冷氣，夏天較熱。

INFO
- 💲 DIY 項目 290 元起
- 🕐 9:30~16:30。公休周二
- 📞 （049）291-7803
- 🏠 南投縣埔里鎮大同街 37 號
- 🚗 國 6 愛蘭交流道約 10 分鐘，備有停車場
- ℹ️ 兒童遊樂設施、DIY 木工

7 洛克馬，後方有大大小小的胡桃鉗 8 兒童遊樂室

⑥ 埔里鎮 寶貝屋親子餐廳

由幼稚園改建而成，占地不小，入口旁有一排的投幣式玩具，餐廳內有小間的室內遊戲區，有球池、溜滑梯，地板鋪設軟墊，戶外有沙坑、嘟嘟車、小型三輪車、溜滑梯等。

1 室內遊戲區 2 戶外遊樂區

INFO
$ 1 歲以上低消 100 元，餐點 150 元起，有兒童飛機餐

🕐 11:00～20:00。公休每月第 2、4 個周一

📞 (049) 290-6290

🏠 南投縣埔里鎮樹人三街 260 號

🚗 國 6 愛蘭交流道約 10 分鐘，備有停車場

ⓘ 兒童遊樂設施、爬行區、兒童餐點

⑦ 埔里鎮 宏基蜜蜂生態農場

園內有多個如人般高的蜜蜂公仔，連公園內常見的搖搖馬也特意做成蜜蜂造型。展售區除了販賣各種不同等級的蜂蜜，還有深受小朋友歡迎的蜂蜜果凍條，解說館介紹各種蜜蜂及蜂窩，相當增長知識，戶外有天然冷泉泡腳。另外還可預約參訪 160 萬蜜蜂隧道，要穿防護衣，並有 DIY 彩繪蜜蜂公仔。

3 蜜蜂搖搖馬 4 天然冷泉泡腳

INFO
$ DIY 彩繪蜜蜂公仔 150 元

🕐 8:00～16:00。全年無休

📞 (049) 298-0851

🏠 南投縣埔里鎮枇杷路 52-1 號

🚗 國 6 愛蘭交流道約 12 分鐘，備有停車場

ⓘ DIY 彩繪蜜蜂公仔

南投

⑧ 埔里鎮　造紙龍手創館

素有「紙的故鄉」美名的埔里小鎮，除了老字號的廣興紙寮，還有結合文創的「造紙龍」。戶外有紙風車、滾筒紙推車，許願池上的的錦鯉非常巨大。室內展館有巨大紙捲、紙公仔、紙龍等，紀念品館販售材料包、紙工藝品。可DIY紙壽司、可愛動物、英雄聯盟等；園區對面有一家589奶酪工坊。

5 戶外紙風車 6 室內的巨大紙捲

INFO

- $ 門票 50 元，可換扇子。
  DIY 140 元起
- 🕘 9:00～17:00。全年無休
- 📞 （049）290-2989
- 🏠 南投縣埔里鎮隆生路 118-2 號
- 🚗 國 6 愛蘭交流道約 12 分鐘，備有停車場
- ℹ️ 兒童遊樂設施、DIY 紙藝

⑨ 埔里鎮　紙教堂

來自日本的紙教堂，當時撫慰了阪神大地震受創的心靈，而後延續她的使命來到了921受創嚴重的桃米社區。半開放式的教堂，採用環保紙建築，園區有多個毛毛蟲、蝴蝶公仔，生態豐富，有荷花池、保育青蛙，還有看板特別介紹稀有的青蛙種類。餐廳中價位，有木雕馬可騎。

紙教堂

INFO

- $ 門票 100 元，可抵消費
- 🕘 9:00～20:00，假日延長至 21:00。
  公休每月第一個周三
- 📞 （049）291-4922
- 🏠 南投縣埔里鎮桃米巷 5-6 號
- 🚗 國 6 愛蘭交流道約 10 分鐘，備有停車場
- ℹ️ 兒童遊樂設施、哺乳室

　　進入販賣部前，就可看到沿途有許多香菇彩繪立牌、香菇造型的椅子，草坪上還有大型香菇模型、溜滑梯。園內有數個菇寮，依時令有不同品種的菇類：珊瑚菇、黑木耳、白精靈等，除了靈芝、猴頭菇菇外，其他民眾皆可親自採菇，再秤重計價，結束後也可現烤。販賣部有多種周邊商品：乾香菇、菇餅乾、菇玩具等，DIY 活動可選擇彩繪香菇或菇類太空包製作。

INFO

- $ DIY 活動 200 元
- 🕐 8:30～17:00。全年無休
- 📞 （049）292-6959
- ⌂ 南投縣埔里鎮水頭里東潤路 58 號
- 🚗 國 6 愛蘭交流道約 14 分鐘，備有停車場
- ℹ 兒童遊樂設施、DIY 香菇

1 香菇樂園 2 可自行採菇

南投

⑪ 魚池鄉　向山遊客中心

　　由日本建築大師團紀彥所設計的前衛建築物，整體結構採圓弧形，建築物與優美湖畔融為一體，不過周邊沒有護欄，要當心小朋友掉下去。園區占地頗大，右邊是行政中心，左邊是遊客中心，還可從斜坡爬上屋頂，體驗不一樣的風情。館內設有咖啡廳，採用惠蓀農場原產的咖啡豆，門口旁有顯眼的臺灣黑熊公仔。騎自行車來的朋友，千萬別錯過極為優美的自行車道，或是順道一遊日月潭。

INFO

🕐 9:00~17:00。全年無休

📞 （049）285-5668

🏠 南投縣魚池鄉中山路 599 號

🚗 國 6 埔里交流道約 30 分鐘，備有停車場

3 4

3 與優美湖畔融為一體的建築物 4 日月潭纜車

入口處的一邊是豬隻養殖場，另一邊則規劃成「豬樂園」。園內有好幾隻彩繪豬公仔，各個皆有獨特的彩繪圖案，但有一個共通點，那就是都在交配啦！草皮上還有特別巨大的飛天豬可騎。展售部販賣多種豬肉相關產品：肉鬆、豬肉乾、豬肉蒟蒻條等，旁邊還有個小棚子，可以體驗獨特的豬膽洗頭，備有吹風機，後方有豬圈可以餵豬吃飼料，另外還有水果模型樂園、沙坑、生態湖。

INFO

- $ 免費
- 🕐 9:00～17:00。公休周一
- 📞 （049）273-4305
- 🏠 南投縣名間鄉彰南路 256 號
- 🚗 國 3 名間交流道約 3 分鐘，備有停車場
- ℹ️ 兒童遊樂設施

1　2

1 豬公仔後方有投幣式兒童遊樂設施 2 飛天豬

南投

⑬ 名間鄉 茶二指故事館

　　茶二指名稱的由來，是因創辦人在年輕時因操作製茶機器，意外截斷了左手上的中指和無名指。一進入館內即有專業的導覽介紹茶文化和歷史，販賣部有許多文創商品、茶、乳酪蛋糕，並提供試吃品嘗。戶外有白色沙池可供小朋友玩耍，備有很多挖沙工具，還有粉筆可以恣意在地板作畫，整潔明亮的餐廳販售茶農製作的便當，茶園裡設置空中茶園步道，後方有盪鞦韆。園區周邊也皆是茶園。

INFO

- $ 門票 100 元，可抵消費，DIY 茶藝活動 150 元起
- 🕐 9:30~18:00，假日延長至 18:30
- 📞 （049）258-1494
- ⌂ 南投縣名間鄉埔中巷 32-1 號
- 🚗 國 3 名間交流道約 15 分鐘，備有停車場
- ℹ️ 兒童遊樂設施、DIY 彩繪茶罐 & 捻茶、哺乳室

3 結合文創的茶園 4 盪鞦韆

　　外形極為典雅的火車站，是以「鐵道文化」為主打的觀光小鎮。周邊有許多付費兒童遊樂設施：蒸氣小火車、旋轉木馬、手搖船等。在廣場有各式農特產品店，其中最為著名的是醃梅、山蕉，鐵道旁還有一家以香蕉為主題的景觀餐廳。一旁也有規劃完善的自行車道，暑期會有「火車好多節」活動，到時會展出湯瑪士小火車、國寶級蒸氣火車等。

INFO

🚗 國 3 名間交流道約 15 分鐘，備有付費停車場；或火車至集集站

ℹ️ 兒童遊樂設施

1 外形典雅的火車站 2 周邊的主題餐廳和遊樂場

　　早年集集火車站因嚴重虧損，一度有意停駛。後來在集集鎮長積極推動觀光事業下，除了努力打造鐵道文化，並向國防部爭取三軍除役的裝備，陳列於公園內讓民眾參觀，有戰車、對空飛彈、跳傘機、高射砲、榴彈砲、戰鬥機等，廣場前有許多投幣式玩具。園區一隅有販賣枝仔冰、蜂蜜展示區。

INFO

$ 免費

🏠 南投縣集集鎮民權路 96 號

🚗 國 3 名間交流道約 20 分鐘，備有停車場

ℹ️ 兒童遊樂設施

公園外觀

南投

16 集集鎮 明新書院

　　緊鄰在永昌國小旁邊的明新書院，採閩南式建築，是清朝年間免費的私塾學堂，也是集集一帶每年固定舉辦祭孔大典的地方，主要供奉文昌帝君、至聖先師。廣場旁以假山、雕像裝飾，潔白的牆面下擺滿大小不一、樣式也不同的甕。從這邊也可搭小火車到集集火車站，票價 80 元。

INFO
- $ 免費
- 🕐 6:00～21:00
- 📞 （049）276-2374
- 🏠 南投縣集集鎮東昌巷 4 號
- 🚗 國 3 名間交流道約 20 分鐘，路邊停車

3 水牛雕像 4 小火車

17 集集鎮 山蕉歷史文化館

　　臺灣曾有香蕉王國的美譽，出產既香甜又彈牙的香蕉，然而由於勞力不足、病害、菲律賓的低價競爭，導致產業沒落。此處由合作社共同營造，入口旁有蕉蕉國故事書，是以趣味的方式介紹山蕉文化，長廊上有互動 3D 地景，還有超多古早童玩。館內的左手邊是文化館，內部陳列古色古香；右邊則是展售中心，有各式各樣的山蕉加工產品，可試吃，還有獨特的香蕉花水。

INFO
- $ 假日可 DIY 種香蕉苗，150 元
- 🕐 9:00～17:00。公休周一
- 📞 （049）276-4562
- 🏠 南投縣集集鎮永昌里民生東路 70 號
- 🚗 國 3 名間交流道約 20 分鐘，路邊停車
- ℹ️ 兒童遊樂設施、DIY 園藝

5 文化館外部 6 3D 地景旁有古早童玩

⑱ 集集鎮 特有生物研究保育中心

　　戶外自由參觀區植物枝繁葉茂，中央有個生態湖，這裡還有收養受傷鷹鳥類的園區。館內共分 3 個樓層，1F 為臺灣森林區，用模型展示臺灣特有動物：臺灣黑熊、臺灣山羊、臺灣獼猴，還有神祕的樹根洞穴，適合愛探險的小朋友。2F 有一間圖書室和手作區，只要簽個名就可以免費畫畫或體驗拓印。地下室為特展區。館內多處設有影片播放室，放映不同的保育影片，還有小電腦操控區。

1 臺灣森林區 2 樹根洞穴

INFO
- 💲 門票 50 元，周二學生免費
- 🕐 9:00～16:30。公休周一
- 📞 （049）276-1331
- ⌂ 南投縣集集鎮民生東路 1 號
- 🚗 國 3 名間交流道約 20 分鐘，備有停車場
- ℹ️ DIY 拓印、保育動物、哺乳室

⑲ 信義鄉 柳家梅園

　　梅花栽培沿自日治時代，並依照自然農法栽種有機梅，於每年新年前後綻放，園內充滿了梅花的清香，總是吸引無數旅客前往，更是名模林志玲為華航拍攝廣告的取景地。園內占地廣闊，有舒適的草坪，可於梅樹下野餐，賞完白梅接著有紅梅，農曆年節前後則可賞李花及櫻花。可預訂梅子合菜料理。

美得如詩如畫的梅園

INFO
- 💲 免費
- 🕐 9:00～17:00，假日延長至 18:00
- 📞 （049）283-1191
- ⌂ 南投縣信義鄉牛稠坑陽和巷 87 號
- 🚗 國 3 名間交流道約 1 小時，備有停車場
- ⚠️ 梅季實施交通單向管制，請由臺 21 線 88 公里處右轉 11 公里至柳家梅園

南投

水里蛇窯順著山坡以土磚砌成，長度猶如蛇行，因而得名，是臺灣最古老的柴燒窯；921 大地震之後，經歷艱辛的修復歷程，轉變成為觀光的歷史活教材。遊客不僅可以進入窯身內，也可以沿著蛇身外部的斜坡而行，館內展示相關的早期文物。園區布置得相當古樸雅致，還有一些巨型陶藝品，並結合景觀園藝，連廁所的一隅也養鯉魚布景，整體相當閒適。展售區販售多種陶藝品。有專業師傅在旁指導 DIY 手拉坯。

INFO

- $ 門票 150 元，可換十二生肖陶製紀念品，部分可抵消費。DIY 手拉坯 280 元
- 🕐 8:00~17:30。全年無休
- 📞 （049）277-0967
- 🏠 南投縣水里鄉頂崁村水信路一段 512 巷 21 號
- 🚗 國 3 名間交流道約 25 分鐘，備有停車場
- ℹ️ DIY 手拉坯

3 蛇窯內部 4 戶外擺放許多陶甕

車埕早期伐木業盛行，沒落多年後，如今已蛻變成結合木業及觀光的休閒園區。「林班」是依照天然地形或人工所劃分的永久性森林區劃單位，目的是利於管理與開發，並秉持環保的理念，採用環保再生林。園區有優美的湖光山色，原來這是以前的「貯木池」：木頭砍下後，在這裡進行洗淨、挑選的步驟，旁邊則是車埕木業展示館，用蠟像人和巨木演示當時工作的情況。

1F 有以檜木打造的周邊商品，也可客製化訂做專屬小物，廣場上有巨木休閒椅、還有展示退休的老火車。2F 的商店街有一些甜湯、飲品，可直接通往貯木池，沿著彩繪成鋼琴的階梯拾級而下，來到林班道體驗木工坊，展售區提供一些木製玩具試玩，可以 DIY 動手做木工，並烙印上專屬的字樣。周邊商家林立，有別具特色的木桶飯（餐後可將雲杉製成的木桶帶回家）、懷古的老街、品茶小棧；還可在廢棄的鐵軌上體驗鐵道人力車，手持續施力將把桿上下上下，就可讓車子前進囉。

INFO

$ DIY 木工 180 元起

🕐 10:00~18:00。全年無休

📞 （049）277-5976

🏠 南投縣水里鄉車埕村民權巷

🚗 國 3 名間交流道約 30 分鐘，備有停車場；或火車集集線至車埕站

ℹ️ 兒童遊樂設施、DIY 木工、哺乳室

南投

1 以前的貯木池如今已變為親水園區 2 木茶房內販售別具特色的木桶飯 3 林班道體驗木工坊 4 木業展示館有逼真的模型顯示 5 戶外擺放復古的三輪貨車 6 以檜木打造的周邊商品 7 2F 的商店街

彰

化

線西鄉 ①

鹿港鎮

④ ②
③
⑦
⑤ ⑥

福興鄉

⑩ ⑪

⑧ ⑨

彰化市

⑫

花壇鄉

⑬

芬園鄉

⑭ 埔鹽鄉

⑯

溪湖鎮

⑱ ⑲

埔心鄉

員林市

⑮

⑰

田尾鄉

❶ 線西鄉　台灣優格餅乾學院

以《哈利波特》魔法風格為設計主題的餅乾觀光工廠，從巨大書庫進入後，映入眼簾的是魔法森林影片室，還有巨大的烘焙廚房，廊道上用趣味插畫說明餅乾製作過程的相關知識。各種年代的餅乾模具滾輪，小朋友可以試試是否能轉動呢？華麗的魔法大廳是販賣區，試吃給得非常大方，還有免費供應茶水、咖啡。

INFO

- $ DIY 餅乾 150 元，平日團體可預約，假日一位難求建議事先預約
- 🕐 9:00～18:00。全年無休
- 📞（04）722-2151
- 🏠 彰化縣線西鄉草豐路 501 巷 5 號
- 🚗 國 3 和美交流道約 12 分鐘，備有停車場
- ℹ️ DIY 餅乾

1 以魔法森林為主題的影片室 2 巨大的烘焙廚房

❷ 鹿港鎮　白蘭氏健康博物館

館內主要介紹白蘭氏 170 餘年的品牌發展歷史，還有多媒體互動區：數位手翻書、利用虛擬影像和真實模型疊合的動畫，來呈現養殖魔幻劇場秀。空中走廊有定時導覽，可以從透明櫥窗俯瞰雞精的製作過程，結束導覽後，可至櫃檯兌換免費試飲雞精一瓶，4 至 12 歲的兒童也有一罐兒童雞精，口味較淡，並添加 B 群。DIY 環保瓶可選擇彩繪、小物裝飾、彩鹽，販售區有相當齊全的相關產品可選購。

INFO

- $ DIY 環保瓶 80 元
- 🕐 9:00～16:00。公休周日、一
- 📞（04）781-0077
- 🏠 彰化縣鹿港鎮鹿工路 18 號
- 🚗 臺 61 線鹿港交流道約 3 分鐘，備有停車場
- ℹ️ DIY 環保瓶、哺乳室

3 巨大的雞精瓶是博物館的入口處 4 色彩鮮明的展覽室

園區由台明將公司所創立，除了為臺灣本土藝術家提供一個免費展覽場域，也陳列部分受刑者的作品以鼓勵他們；並販賣玻璃製品，更有媽媽必買的玻璃耐熱奶瓶。

館內創造出許多可以體驗、觸摸的玻璃設計，讓民眾，尤其是小朋友感受原本高不可攀、禁止觸摸的玻璃原來也這麼有趣！兒童天地裡有彩繪玻璃 DIY，還有許多木製玩具可試玩，旁邊的遊戲室有讓小朋友感到驚奇的鏡面隧道和球池室。黃金隧道裡可透過四面八方的鏡面、透明玻璃，將燈光產生錯縱複雜的絢麗景觀，不時還有小階梯，若不仔細看，很容易撞到，相當刺激！此處適合大一點的小朋友進入冒險。2F 也有個類似的免費夢幻迷宮，雖然路徑較短，但是沒有階梯，適合較小的幼童。旁邊有大型的玻璃萬花筒。館內有許多攤販餐飲，吃套餐送玻璃盤，喝飲料送玻璃杯，相當特別。

緊鄰在側的臺灣護聖宮，也是以玻璃打造，有露天的許願池，生態小溪圍繞著莊嚴的廟宇，夜晚點燈後，顯得相當富麗堂皇，別有一番風味。

INFO

- 💲 進入黃金隧道須購買藍白拖，一雙 50 元起，DIY 彩繪 120 元起
- 🕐 8:00~18:00，假日延長至 18:30。全年無休
- 📞 (04) 781-1299
- ⌂ 彰化縣鹿港鎮鹿工南四路 30 號
- 🚗 臺 61 線鹿港交流道約 5 分鐘，備有停車場
- ℹ️ 兒童遊樂設施、DIY 玻璃工藝、哺乳室

1

2

彰化

1 黃金隧道 2 鏡面隧道 3 球池室 4 築夢光橋透明地板的下方，以海邊風景打造 5 夢幻迷宮 6 玻璃萬花筒 7 玻璃池塘小橋 8 臺灣護聖宮

④ 鹿港鎮 緞帶王織帶文化園區

在進入館內之前，戶外有休閒椅、創意馬桶，地上鋪有白色小石；入館後，會先經過超長的緞帶廊道，走道的一邊是五顏六色的各式緞帶，另一邊則是正在運行的工廠。免費體驗區可以手染緞帶，老式的手動編織機臺，可以免費打造自己的緞帶，也可付費體驗 DIY 緞帶金沙花、花朵原子筆。並有提供簡單的熱食餐飲。

INFO

- $ DIY 活動 100 元起
- ⏰ 9:00～17:00。公休周一
- 📞 （04）781-3626
- 🏠 彰化縣鹿港鎮鹿工路 15 號
- 🚗 臺 61 線鹿港交流道約 5 分鐘，備有停車場
- ℹ️ 兒童遊樂設施、DIY 緞帶、哺乳室

1 戶外休閒椅 2 右邊為角色扮演玩具，旁邊有老式手動機臺

⑤ 福興鄉 乳牛彩繪村

福寶村是個大部分人都覺得陌生的名字，然而這裡卻是全臺最大酪農區的所在地。在村長與兒子的共同打造下，原本古樸寧靜的村莊牆壁磚瓦上，畫上了好幾百頭的乳牛圖案，有卡通造型、中式剪紙藝術造型等，因此讓村莊有了新的別名：乳牛彩繪村。這邊還有一個重要景點，那就是大名鼎鼎的藍晒圖，執筆的藝術家是曾參與過臺南藍晒圖繪製的卓永和先生，此處以「客廳、廁所、臥室、廚房」四個主題構圖，旅客可千萬別錯過囉。

乳牛彩繪村限定的藍晒圖

INFO

- $ 免費
- 🏠 彰化縣福興鄉福寶村新生路
- 🚗 臺 61 線福興交流道約 5 分鐘，路邊停車

⑥ 福興鄉 林家手工麵線

　　此處是臺灣唯一僅存的三合院晒麵場，保留傳統的手工拉麵技藝，由於麵條晒久易斷，因此必須時常換位和來回拉製，由此可見守護傳統技藝之辛苦；據說冬天的晾晒場面會比較壯觀，離開前不妨捧場一下手工香 Q 的麵線和麵茶。唯獨鄉間小路不太好找，建議車停小路旁問一下村民，聞著自然發酵的味道就會找到啦！

INFO
📞 （04）778-3133
🏠 彰化縣福興鄉福興村（路）
　　129 巷 9 號
🚗 國 1 彰化交流道約 20 分鐘，
　　路邊停車

三合院晒麵場

⑦ 福興鄉 秘密基地

　　是間功能性滿強的平價親子餐廳。餐廳主要採復古風設計，收藏許多古早年代的民間生活用品，遊戲區有大小彈珠臺、搖搖馬；餐點有小朋友喜愛的熊熊造型咖哩套餐。多才多藝的老闆提供各式豐富有趣的 DIY 課程，像是彈珠臺、天氣瓶（隨氣溫變出不同的結晶）、熊掌棉花糖、龍貓柚子、窯烤 Pizza 等，詳情請電洽或至 FB 查詢。戶外草坪上也有不少遊樂設施：戲水泳池、嘟嘟車、大彈弓、沙坑，另外也提供租借單車的服務。

INFO
💲 咖哩套餐 150 元，DIY 活動 200 元起
🕐 開放時間：周五至周日 13:00~20:00，
　　平日歡迎團體預約
📞 0928-897580
🏠 彰化縣福興鄉龍舟路 103 號
🚗 國 1 彰化交流道約 16 分鐘，路邊停車
ℹ️ 兒童遊樂設施、DIY 課程、兒童餐點

3 大彈弓 4 熊熊咖哩

⑧ 彰化市 八卦山大佛風景區

入口處會先經過寬闊的參佛道，兩側陳列著 32 尊石雕觀音，釋迦如來大佛坐落在參道盡頭，佛像內部共分為六層，底層為佛堂，2 至 5F 分別闡述佛陀一生事跡。前方的九龍池定時有水舞表演，空中走道圍繞優雅的九龍池，可俯瞰彰化市街景，雜貨店販賣多種水果冰品，最熱銷的莫過於釋迦冰。在中國風的迂迴石橋上可以餵魚，每隻錦鯉都長得超級巨大，旁邊柳樹搖曳，好不愜意，夏天周邊的「銀橋兒童水景公園」開放戲水。在入口處斷面有一個小小的軍機公園，可進入機艙內參觀。旁邊的卦山月圓景觀餐廳，園內有兒童遊樂設施。

INFO

$ 免費

⌂ 彰化縣彰化市卦山路 8-1 號

🚗 國 1 王田交流道約 10 分鐘，備有付費停車場

1

1 退役的軍機 2 醒目的大佛 3 空中走道可以眺望彰化市區

3 2

外觀不起眼的公園，在穿越蓊鬱的林道後，竟然隱藏非常具有特色的溜滑梯：有底部連接沙坑的、沿坡而建的磨石子、可以走繩網吊橋、斜坡、攀網的溜滑梯；由於攀網的洞孔較大、難度較高，請家長特別當心幼童的安全喔。再往下走有著名的華陽吊橋，是座橫跨兩座山間的紅色鋼纜吊橋，橋上景致相當優美。也可走走親山步道，吸收新鮮空氣。

INFO

- 💲 免費
- ⌂ 彰化縣彰化市南郭路一段 370 號
- 🚗 國 1 王田交流道約 18 分鐘，備有付費停車場
- ℹ️ 兒童遊樂設施

4 具挑戰性的溜滑梯 5 沿坡而建的磨石子溜滑梯

⑩ 彰化市 彰化扇形車庫

　　入口處左邊有管理室，簽名登記後即可進入，此處是東南亞唯一還在運作的扇形火車車庫，據說早晨和傍晚比較有機會看到正在調度的火車，另外還有展示骨董級的蒸氣火車。園區可見一些機器人藝術裝置，是由廢棄的火車零件焊接而成，登上景觀臺後，可以眺望一覽無遺的車庫。若有需要導覽的服務，事先電話預約即可。

扇形火車車庫

INFO
- $ 免費
- 🕐 8:00～17:00，中午休息 1 小時。全年無休
- 📞 （04）724-4537
- ⌂ 彰化縣彰化市茄苳路二段 290 巷
- 🚗 國 1 王田交流道約 10 分鐘，路邊停車

⑪ 彰化市 彰化景觀公園

　　位於高架橋下的景觀公園，有盪鞦韆、數座溜滑梯，適合各個年齡層的小朋友。廣場上的風頗大，因此此處特別用許多風車裝飾。另外還有愛心體健器材、琉璃藝術裝飾、籃球場。

INFO
- $ 免費
- ⌂ 彰化縣彰化市茄苳路二段 290 巷
- 🚗 國 1 王田交流道約 8 分鐘，備有停車場
- ⓘ 兒童遊樂設施

1 多座溜滑梯 2 風車景觀

⑫ 花壇鄉 大山牧場

　　牧場位於八卦山脈，乳牛喝的是純淨的山泉水，並販售乳製相關產品：饅頭、乳酪、乳牛麻糬、乳牛牛軋糖。小朋友可以買牧草餵大牛，或是餵小牛喝奶，假日 15:00 有體驗擠牛奶活動，可現場喝生奶。兒童遊樂設施有溜滑梯、投幣式玩具、小火車，餐廳提供簡餐，主廚特別推薦超濃郁的鮮奶火鍋。距 3.5 公里處也有另外一家頗具規模的禾家牧場，兩座牧場都不收門票喔！

INFO

- 💲 牧草一把 20 元，擠牛奶 100 元，簡餐 200 元起
- 🕐 6:30~20:00，假日延長至 20:30
- 📞 （04）786-9703
- ⌂ 彰化縣花壇鄉東灣村灣福路 60 巷 5 號
- 🚗 臺 74 線接彰化東外環道約 2 分鐘，備有停車場
- ⓘ 兒童遊樂設施、動物農場

餵牛吃草

芬園鄉以生產荔枝、鳳梨、米粉著稱，素有「芬園三寶」之美名。其中，又以荔枝產量最多，坐落於芬園的園區，特別在地化打造以荔枝為主題的樂園。此處前身是「芬園休閒體健中心」，園內保留體健設施，並新增適合各個年齡層小朋友的兒童體健設備，有木製迷宮、溜滑梯、輪胎攀爬場、空中波浪木棧道、安全滑翔設備、原木跳馬平臺等，沿途有地景海洋世界的彩繪。另外還有以愛情為主題的景觀設施：月老許願廟、依生倚世的愛情休息椅、地中海造景、花香迷海、八心八箭（婚紗廣場區）。夏天開放戲水。

伴手禮區有在地特產，還有 DIY 材料包，如荔枝香包、手繪風箏、木製小信箱等。園內設施取名非常富有創意：「My 荔連夢露」的 LED 隧道、「看山」小平臺可以遠觀彰化山景、「北七」月臺有小朋友喜愛的投幣式小火車。餐廳內部有大大小小的胡桃鉗木偶，假日風車小屋會販賣飲料，廣大的草皮上提供大球玩耍，依山而建的園區需上下坡，然而手推車依舊可以暢行無阻。

INFO

- $ 門票 150 元，平日折抵 100 元，假日折抵 50 元
- 🕘 9:00~17:00，假日延長至 18:00。全年無休
- 📞 （04）859-0909
- 🏠 彰化縣芬園鄉中山路 167 號
- 🚐 國 3 芬園交流道約 5 分鐘，備有停車場
- ℹ️ 兒童遊樂設施、DIY 材料包、哺乳室

1 依生倚世的愛情休息椅 2 原木跳馬鞍 3 小火車旁邊有輪胎體能場 4 兒童滑翔場 5 迷宮後方是溜滑梯，更後方是戲水池

　　牧場成立 30 餘年，為了能抵抗 WTO 對傳統產業的衝擊，轉型成為天然放牧的精緻農業，強調不施打抗生素，採用自然農法。在雞飼料中，不惜成本重金加入多種益生菌、酵素，並在雞活動的環境、床土放入活菌，可以將雞的糞便自動分解，讓農場隨時保持乾淨，完全聞不到雞糞的臭味！

　　最為人津津樂道是彩色蛋，由於不同品種的雞隻決定不同的蛋殼顏色，而雞的品種也是老闆自己配種而來的喔。小朋友也可以體驗撿蛋，雖然價錢偏高，但是味道真的非常好吃。園內還有飼養稀有的鳥禽類。建築採用環保綠的工法，室內綠意盎然，陽光充足，通風良好，還有生態池。產業看板廊道利用圖示和文字說明介紹飼養的相關知識，販賣處除了有各式各樣的蛋，還有滴雞精、雞蛋冰淇淋、雞的古早童玩。室內一隅的籠子有養蛇，老闆還會抓出來讓大膽一點的孩子摸摸牠！

　　農場廁所也是雞蛋造型，相當特別。附近的好金路上有兩個特色公園，農民公園有茅屋、木馬；立體彩繪公園有栩栩如生的卡通人物，如多啦 A 夢、喜羊羊、巧虎、烏龍派出所等，不妨順道一遊。

INFO

$ 撿蛋一顆 30 元

🕐 9:30～17:00。公休周日上午、周一

📞 （04）865-0823

🏠 彰化縣埔鹽鄉南新村好金路 3 巷 27-3 號

🚗 國 1 埔鹽交流道約 12 分鐘，路邊停車

ℹ️ 動物農場

6 室內一景 7 彩色蛋 8 彩繪蛋殼 9 雞蛋廁所 10 令人熟悉的場景，時光機

⑮ 員林市　百果山公園

　　號稱全臺最長的石造溜滑梯，攀爬上去的路有點陡，溜下來的速度不會太快，不過經過山洞的時候要小心不要撞到頭喔，緊鄰在旁的公園有許多老字號的溜滑梯、動物雕像，而「百果山」名稱的由來，是由於附近山區種植非常多樣的水果，沿路也可見許多販賣蜜餞的攤販喔。

1 百果山溜滑梯 2 老字號溜滑梯

INFO
$ 免費
⌂ 彰化縣員林市出水里出水巷 12 號
🚗 臺 76 線林厝交流道約 5 分鐘，路邊停車
ⓘ 兒童遊樂設施

⑯ 埔心鄉　魔菇部落生態休閒農場

　　農場採以現代化無塵設備栽培有機菇類，取代傳統的菇寮。園內有多種兒童遊樂設施：溜滑梯、動物機械車、投幣式小火車、沙坑（需自備工具），旁邊還有圈養三隻小豬，大草皮脫鞋後方可進入。販賣處有很多生鮮有機菇類、乾糧，DIY 有多種菇類可選擇製成太空包，帶回家栽培約可採收 4 次以上，還有彩繪杏鮑菇模型。

園區內的小火車

INFO
$ 門票 100 元，50 元可抵消費。菇類火鍋大餐 350 元起，DIY 太空包 150 元
🕐 10:00~18:00，假日延長至 19:00。公休周一、二
📞 （04）852-1898
⌂ 彰化縣埔心鄉埤腳村柳橋東路 829 號
🚗 臺 76 線埔心交流道約 5 分鐘，備有停車場
ⓘ 兒童遊樂設施、DIY 菇類太空包＆彩繪、動物農場、哺乳室

⑰ 田尾鄉　菁芳園

　　最為著名的是落羽松，在冬季轉化成火紅色，圍繞著噴泉魚池，周邊廣植花卉，真是美不勝收。坐落池邊的餐廳，以大面積的玻璃建構，室內植栽綠意盎然，販售麵包、下午茶、有機食品，從櫃檯旁邊的小門進入還有一區頗大的園藝中心。園區後方的蔬菜種植區有香菇造型桌椅、南洋涼亭、親水步道，可以爬上戶外樓梯後俯瞰農場的雞群，3 歲以上孩童可以體驗撿雞蛋（假日限定）。園區位於田尾花園公路內，也可租腳踏車逛花園公路。

美得如畫的落羽松

INFO

$ 門票平日 100 元，假日 200 元，可抵消費，撿雞蛋免費

🕙 10:00~17:30，假日延長至 20:00

📞 （04）874-9909

🏠 彰化縣田尾鄉張厝巷 73 號

🚗 臺 76 線員林交流道約 15 分鐘，備有停車場

ℹ DIY 撿蛋、動物農場、哺乳室

⑱ 溪湖鎮　溪湖糖廠

　　到了糖廠除了吃冰，還可以參觀製糖工廠，入口處會播放影片介紹糖廠歷史，還有蒸氣火車、文物展示館；以前運輸甘蔗的黑臺仔車，如今已改裝成觀光彩繪小火車，來回約 1 小時，可以一邊聆聽風趣的導覽，同時欣賞寧靜的田園風光，假日定時發車，平日團體可預約。

3

INFO

$ 小火車成人 100 元，6 歲以下免費；兒童電動汽車 100 元／小時

🕙 8:00~17:00。全年無休

📞 （04）885-5868

🏠 彰化縣溪湖鎮彰水路二段 762 號

🚗 國 3 員林交流道約 5 分鐘，備有停車場

ℹ 兒童遊樂設施

3 展示館外的舊齒輪

一位在大學教觀光休閒的爸爸，和一位在國中任教的媽媽，結婚四年生了三個孩子，秉持著「蓋給自己孩子玩」的理念，合力建造這座適合親子同樂的休閒農場。

這裡有寬敞的草坪、一整片的黑板圖畫區、數個彈簧跳跳床（周邊有防護措施）、樹屋溜滑梯（樹屋縫隙很大，要特別當心小朋友的安全）、遮蔭的沙坑。其中最特別的是手搖船，一般只能由小朋友自行操控，而這裡的限重 100 公斤以下，因此大人可陪同還不會划船的幼童，共同在溼地湖面上探險喔！在溼地旁邊有多種動物：小豬、羊兒、馬，也可以買飼料餵食。夏天開放戲水池，有比較刺激的帆布水道、定時噴泉的立體瓢蟲，旁邊也有比較單純靜態的泳池。

DIY 課程多為黏土手作系列，教室內有一些跳跳馬可騎乘，餐廳提供熱食、炸物、飲料。而高難度的攀岩場不開放給一般遊客使用，而是有專門的教練在訓練中輟生攀岩。另外也可預約露營場地。

INFO

- $ 1 歲以上門票 100 元，50 元可抵消費，DIY 美勞 60 元起
- 🕐 9:00~17:00，假日延長至 18:00，平日建議致電確認有無開放
- 📞 （04）881-7291
- ⛰ 彰化縣溪湖鎮頂庄里崙子腳路 5-22 號
- 🚗 國 3 溪湖交流道約 2 分鐘，備有停車場
- ℹ 兒童遊樂設施、DIY 黏土、動物農場

1 彈簧跳跳床 2 手搖船遊溼地 3 草坪，後方藍色板子為攀岩場
4 溜滑梯 5 樹屋上的座椅 6 遮蔭沙坑 7 DIY 項目 8 瓢蟲戲水池
9 溼地旁的動物農場

雲
林

③ ② ①
西螺鎮
林內鄉
15.16 ⑬ ⑤ ④
⑭ ⑥
斗六市 ⑧ ⑦
虎尾鎮
9~12
⑳
古坑鄉

口湖鄉
⑰ 水林鄉
⑱ ⑲

① 西螺鎮 童心園

此處原為舊西螺自來水廠的辦公室,在道路拓寬時面臨被拆除的命運,幸由在地方人士的力保和設計師的巧手下,蛻變成為獨具風格的特色公園。一旁有溜滑梯,下方連接著細緻的白沙,須自備挖沙工具,另外還有一整排的運動器材,下面也連接長條而不規則形狀的造景沙坑。建築物夜間在燈光投射下,比白天多了分浪漫情懷!

INFO
$ 免費
⌂ 雲林縣西螺鎮中山東路對面
🚗 國1北斗交流道約10分鐘,路邊停車
ⓘ 兒童遊樂設施

充滿異國風味的公園

② 西螺鎮 丸莊醬油觀光工廠

已有百年歷史的丸莊醬油,也是國內第一家通過有機認證的醬油品牌。工廠位於西螺延平老街上,入口處是普通的店面,觀光工廠隱身在後頭。廣場擺放晒缸埕:黑豆醬油需放在缸中發酵半年,經由充足的陽光曝晒,才能釀造出甘醇的「蔭油」;而化學醬油只需三天,味道完全無法比擬,還有開放一甕讓遊客品嘗。復古的2層樓建築物是昔日的起居室和實驗室,完整保留以前使用的原貌,有榻榻米、生活起居用品。

INFO
$ DIY壺底蔭鼓200元
🕐 9:00~17:30。全年無休
📞 (05)586-3666
⌂ 雲林縣西螺鎮延平路25號
🚗 國1北斗交流道約10分鐘,
　 路邊停車
ⓘ DIY醬油

1 晒缸埕 2 2層樓的建築物是昔日的起居室和實驗室

❸ 西螺鎮 雲林縣兒童福利服務中心

　　別名西螺兒福館，限定 0 至 6 歲兒童進入的親子館，必須攜帶健保卡，檢查後方能入場。遊戲區占地非常廣大，分成三大主題教室，假日也不會顯得太擁擠，有適合 3 至 6 歲的體能運動區，備有大型溜滑梯、吊單槓、可以爬的輪胎和網繩、利用不同材質組成的斜坡滿足孩子無限探索的慾望。也有適合 0 至 3 歲的球池區、小型溜滑梯、嬰兒爬行區、軟墊平衡系列等。

INFO

- $ 免費
- 🕐 9:00-12:00、13:30~16:30。公休周一、二
- 📞 （05）587-8585
- ⌂ 雲林縣西螺鎮中山路 227 號
- 🚗 國 1 北斗交流道約 10 分鐘，備有停車場
- ℹ️ 兒童遊樂設施、爬行區、哺乳室

後方的球池限定 0-3 歲才能進入

雲林

❹ 林內鄉 湖本生態村

湖本村多為丘陵地，高度介於 100 至 300 公尺，含有多種臺灣保育鳥類：臺灣藍鵲、藍富山雞等。其中以顏色相當討喜的國際保育類鳥種「八色鳥」最具知名度。春夏 5 月左右，遠從南洋群島飛到林內鄉，冬季 11 月左右又飛離臺灣。湖本生態村提供八色鳥的生態影片、導覽、相關旅遊資訊，還有販售超濃郁的鮮奶饅頭、在地小農產品。

INFO

$ 旁邊三合院提供平價住宿服務，400 元／人

🕐 9:00~17:00。全年無休

📞 （05）589-0375

🏠 雲林縣林內鄉湖本村三權路 56 號

🚗 國 3 斗六交流道約 8 分鐘，路邊停車

1 入口處的木雕八色鳥 2 園內一景

❺ 斗六市 雅聞峇里海岸觀光工廠

　　充滿南洋風情的園區，有小朋友喜愛的人造沙灘（須自備挖沙工具），後方則有數座南洋風情涼亭；另一頭綠茵草皮上有超級潔白的細沙，但此處是景觀設施，不能入內玩沙喔。館內有 MIT 美肌化妝品，大廳則是介紹產業的相關背景以及化妝品製作流程，園區備有熱食冷飲餐飲區。雅聞在苗栗三義鄉還有另一個「雅聞香草植物工廠」，呈現不一樣的景觀園藝喔！

INFO
- $ 免費
- 🕐 8:30~17:00。全年無休
- 📞 0963-517569
- ⌂ 雲林縣斗六市榴北里中興路 333 號
- 🚗 國 3 斗六交流道約 6 分鐘，備有停車場
- ℹ️ 兒童遊樂設施

人造沙灘

❻ 斗六市 何記手工晒麵廠

　　位於榴中社區內的晒麵廠，堅持天然日晒，讓平凡的麵條充滿著幸福的陽光。五顏六色的麵條，居然無添加色素、防腐劑？原來鮮豔的粉紅色是以新鮮甜菜根切塊、打汁所製成的甜菜根麵，黃麵採用黃梔子色素，而非常見的人工 4 號色素；其他還有黑色的仙草麵、金黃色的胡蘿蔔麵、紫紅色的山藥麵、養生亞麻麵；晒麵廠斜對面即是店面。這附近的社區周圍磚瓦牆上也有一些彩繪圖案。

INFO
- 🕐 8:00~20:00。全年無休
- 📞 （05）557-3251
- ⌂ 雲林縣斗六市中興路 113 號
- 🚗 國 3 斗六交流道約 4 分鐘，路邊停車

視運氣而定，看看今天晒的麵條是什麼顏色呢？

雲林

⑦ 斗六市 大同醬油黑金釀造館

　　擁有百年歷史的大同醬油，館內的入口處會先經過時光走廊，介紹大同醬油的百年歷史，再來還有文物室，陳列古早的工廠文物。館內多處有特色印章，喜歡蓋印章的朋友千萬別錯過囉！熱食用餐區的桌椅用晒醬油的甕缸改造而成，還有販賣獨特的青仁黑豆冰淇淋。DIY 項目有傳統醬油膏、醬油米餅，須提前預約。在晒缸埕的廣場有提供一些農家服飾供民眾拍照，戶外草皮上有茅屋涼亭，旁邊有養雞、珍禽、羊等動物。

INFO

- $ DIY 項目 150 元起
- 🕐 8:30～17:30。全年無休
- 📞 （05）557-6899
- 🏠 雲林縣斗六市工業區斗工二路 39 號
- 🚗 國 3 斗六交流道約 8 分鐘，備有停車場
- ℹ️ DIY 醬油、動物農場

1 大同醬油堅持以黑豆手工甕釀，味道甘醇 2 休閒涼亭內也有可愛黑豆公仔

⑧ 斗六市 朝露魚舖觀光工廠

　　以日式風格打造的園區,入口處即可看到一排隨風飛揚的鯉魚旗。1F 販售多種冷凍魚,還有小朋友愛的螃蟹餅乾,後方有木魚求籤,還貼心地附上老花眼鏡。旁邊的武藏製程區可以看到工人在進行製魚作業,此區溫度較冷,伴著濃濃的「大海味」。旁邊的參觀走道介紹公司的創立和漁業文化,還有 3D 大鯊魚。從這驅車不到 1 公里,即可到達大同醬油黑金釀造館。

INFO

- $ DIY 彩繪鯉魚旗 150 元,2F 餐廳提供鮮魚定食 120 元起
- 🕐 9:00~17:00。公休周一
- 📞 (05) 557-5989
- ⌂ 雲林縣斗六市斗工六路 6 號
- 🚗 國 3 斗六交流道約 6 分鐘,路邊停車
- ⓘ DIY 鯉魚旗

1 木魚求籤 2 3D 大鯊魚

雲林

⑨ 斗六市 斗六官邸兒童館

由縣長官邸改建而成，外形典雅又不失童趣風。1F 為圖書區，可以選擇在舒適的大紅花沙發上閱覽，也有木頭地板區，提供繪本、漫畫、小說，但不能外借。遊戲區在 2F，有分場次，場內地板不會太硬（非軟墊），適合嬰兒爬行，有玩具目錄 DM 可讓小朋友挑選，每人每場可借一樣玩具，諸如大型軌道玩具車、廚房切切樂、木質教具等。戶外草坪上有木質溜滑梯。假日提供親子免費 DIY 活動，需先預約。

3 1F 圖書區 4 2F 遊戲區

INFO

$ 免費

🕐 12:30~17:30，周六日 8:30~17:00。公休周一、周四以及每月最後一個周三，以進行消毒

📞 （05）534-5951

🏠 雲林縣斗六市公正街 212 號

🚗 國 3 斗六交流道約 12 分鐘，備有停車場

ℹ️ 兒童遊樂設施、爬行區、DIY 課程、哺乳室

⑩ 斗六市 籽公園

戶外草皮上有溜滑梯。沙坑位於特別的半開放式空間裡頭，有開放時間限制（周三至周日 8:00 至 17:00），需自備挖沙工具，沙子質地細膩，介紹板有特別說明此種沙子不沾黏，好拍落。旁邊有沖洗設備。往前步行 2 分鐘即可到達斗六官邸兒童館，往後步行 1 分鐘即可到達斗六行啟紀念館，有提供當地歷史沿革、旅遊資訊。

5 沙坑 6 行啟紀念館

INFO

$ 免費

🏠 雲林縣斗六市府前路 149 號

🚗 國 3 斗六交流道約 14 分鐘，備有停車場

ℹ️ 兒童遊樂設施。行啟紀念館提供當地的歷史沿革、旅遊資訊

⑪ 斗六市 斗六繪本圖書館

圖書館外觀有如城堡般，還有兩隻獅子在入口處看守。館內閱讀區共分 2 層樓，繪本種類相當豐富，有國字、臺語、英文等，並特別規劃雲林在地作家的專櫃。2F 的空間設計更加童趣，還有一區信誼閱讀起步走的相關硬殼書籍。另外還有適合中、小學的課外讀物、自然探索系列。陽光閱報室是大人最享受的寧靜角落，地下室有彩繪塗鴉，但要記得圖書館內不可太喧鬧、奔跑喔！

1 城堡建築外觀 2 圖書館的 2F

INFO
$ 免費
🕐 8:00～18:00。公休周一
📞 （05）532-1992
🏠 雲林縣斗六市莊敬路 66 號
🚗 國 3 斗六交流道約 12 分鐘，路邊停車
ℹ️ 爬行區、哺乳室

⑫ 斗六市 斗六二手玩具屋

為提倡環保理念，館內專蒐二手玩具，有軌道車、大型積木、拼圖、各式小玩具車，並分別用數個玩具箱收納，一次可搬一箱出來玩，收好即可換下一個玩具，餐廚玩具則不再此限。架上還有古老的益智玩具：九連環、河內塔，旁邊有哈哈鏡。兒童繪本、教養書籍的書況都還不錯，戶外有草地可奔跑。距官邸兒童館約 150 公尺。

INFO
$ 免費
🕐 10:00～17:00，假日提早至 9:00，中午休息 1 小時。公休周一、周四及每月最後一個周三，進行消毒
📞 （05）533-8951
🏠 雲林縣斗六市中正路 191 號
🚗 國 3 斗六交流道約 12 分鐘，路邊停車
ℹ️ 兒童遊樂設施、爬行區、哺乳室

整潔童趣的館內

雲林

⑬ 虎尾鎮 屋頂上的貓

透過「農村再生計畫」，頂溪社區的居民與虎科大的學生共同創作，將村內的老屋外牆以「貓」為主題，變成一幅幅具有故事性的圖畫，3D 技法繪圖讓貓兒更加栩栩如生；木棧臺休息區也以貓的主題打造而成，中央有魚形狀的石池。在這裡有一個互動小遊戲，就是大家來找「黑貓」，共有 9 隻躲貓貓藏在不同的屋頂上喔！

INFO

$ 免費

雲林縣虎尾鎮頂溪里過溪 56-2 號

國 1 虎尾交流道約 3 分鐘，備有停車場

3 貓村場景之一 4 木棧臺休息區也別具創意

⑭ 虎尾鎮 第二公園

外觀看似普通的公園，裡面竟然也隱藏著可愛的貓咪公仔，約有 7、8 隻，每隻都有獨特造型，甚至連樹上也有貓公仔喔！公車站的地板是透明的玻璃，旁邊也有兩隻可愛的貓咪陪同等車的旅人。公園不大，建議搭配周邊的景點，距「屋頂上的貓」約 5 分鐘車程。

INFO

$ 免費

雲林縣虎尾鎮頂溪里中興路

國 1 虎尾交流道約 1 分鐘，路邊停車

貓咪藝術裝置

小腳丫遊臺灣
親子同行樂活旅遊

162
163

⑮ 虎尾鎮 興隆毛巾觀光工廠

普通的毛巾，只要經由一點小創意，就能變身成為毛巾棒棒糖、小西瓜、白蘿蔔等，成功將傳統產業帶入新紀元。進入園區後，右邊是戶外休息區，有陶藝水牛車；左邊的數個櫥窗展示不同梭織機，有傳統的，也有現代正在運作的。販賣區除了提供高質感的毛巾、浴袍、嬰兒服飾，還有各式各樣的創意毛巾。2F 的 DIY 教室能將毛巾變身成蛋糕、冰淇淋、大頭狗、招財貓及河馬等。

INFO
- $ DIY150 元／份
- ⏰ 平日 8:30~17:00，假日 8:00~17:30
- 📞 （05）622-0559
- 🏠 雲林縣虎尾鎮埒（ㄌㄜˋ）內里 84-1 號
- 🚗 國 1 虎尾交流道約 8 分鐘，備有停車場
- ℹ️ DIY 毛巾

蛋糕展示櫃上有各式各樣的創意毛巾

⑯ 虎尾鎮 奶奶的熊毛巾故事館

緊鄰知名的興隆毛巾旁有另一座毛巾觀光工廠：双星毛巾。兩者主打強項不同，園內設計呈現截然不同的風情。興隆主以創意毛巾為主，而双星毛巾曾為許多國際大廠牌代工，有飯店級毛巾、日系紗布系列。入口的右側是餵魚池，左邊則有彩繪休閒椅，園區設計整潔明亮，黃色鄉村風格的建築物是展售區，周圍種植了五顏六色的花卉。廁所彩繪上溫馨的動物圖案，還有一區潔白的沙坑，需自備挖沙工具喔。

1 彩繪休閒椅 2 鄉村風格的展售區

INFO
- $ 免費
- ⏰ 8:00~18:00。公休周日
- 📞 （05）622-1111
- 🏠 雲林縣虎尾鎮埒（ㄌㄜˋ）內里 84 號
- 🚗 國 1 虎尾交流道約 8 分鐘，備有停車場
- ℹ️ 兒童遊藝設施

17 口湖鄉 好蝦囧男社

　　75 年次的青年返鄉，將阿公已荒廢二十餘年的鰻魚池，重新養殖無毒白蝦。萬事起頭難，一開始簡直是賠翻天，然而生態池裡慢慢地除了白蝦，還有不少魚種和貝類，讓魚去吃掉死掉的蝦子，以達到生態平衡。民眾可以付費體驗乘竹筏捕蝦，也可以直接在餐廳享用鮮美的紅蝦，雖然價錢比外面貴，但是吃得安心。餐廳是由原本分類鰻魚用的一池池設施所改造，如今地板鋪上了小石子（旁邊備有挖石工具），極具特色。

INFO
- $ 好蝦一斤 400 元起，乘竹筏捕蝦 250 元／人
- 🕐 假日 11:00~18:00，平日專心養殖
- 📞 0922-732776
- ⌂ 至雲林縣口湖鄉梧南村東興路 1 號附近，沿電線桿指標前進
- 🚗 臺 61 線水井交流道，沿指標即可到達，約 5 分鐘，路邊停車
- ℹ️ 兒童遊樂設施

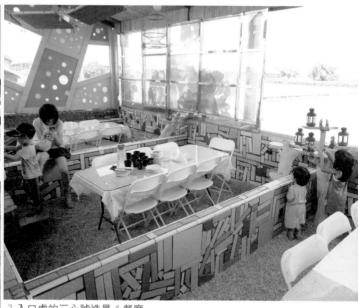

3 入口處的三心號造景 4 餐廳

⑱ 口湖鄉 馬蹄蛤主題館

比拳頭還大的馬蹄蛤，需要五、六年的生長時間，營養成分較文蛤、牡蠣及蜆皆來得高。園區戶外利用蛤貝做出許多獨特的工藝，有風鈴、螞蟻，遊客在館內可以品嘗到極為鮮美的馬蹄蛤，也可以選擇小顆一點的。另外還有 DIY 蛤貝工藝，有青蛙、烏龜、兔子、大象等造型，戶外可以體驗「摸蛤仔兼洗褲」，怕下水的人也可以乘竹筏，但是揀到的貝類不能帶走喔！

INFO

- $ 馬蹄蛤最大顆一顆 200 元，DIY 蛤貝工藝 50 元起，乘竹筏 100 元／人
- 🕐 8:00~17:00。公休周一、二
- 📞 （05）970-503
- 🏠 雲林縣口湖鄉養魚路 5-3 號
- 🚙 臺 61 線口湖交流道約 5 分鐘，備有停車場
- ℹ️ DIY 蛤貝工藝

1 園區用大量蛤貝創作 2 摸蛤仔兼洗褲

雲林

⑲ 水林鄉 番薯會社

　　水林鄉以陶藝拼貼、社區彩繪打造出蔦松藝術村，其中的番薯會社更是不容錯過的景點喔。此處是將荒廢四十多年的農會改造而成，古色古香的小巧建築，以水林鄉的特產番薯為主題，除了販售當季番薯，還有許多副產品：番薯片、番薯香鬆，並提供試吃。位於正對面的蔦松國小，公車亭也藝術得讓人驚豔，戶外有開放式的沙坑，牆壁上的番薯彩繪阿婆是國小校廚，服務蔦松國小已有 20 年的歷史囉！

3 番薯會社 4 蔦松國小的彩繪牆

INFO
- $　免費
- ☎　（05）784-1854
- ⌂　雲林縣水林鄉松中村蔦松路 164-1 號
- 🚗　臺 82 線朴子交流道約 15 分鐘，路邊停車

⑳ 古坑鄉 蜜蜂故事館

　　園區入口處利用一些廢棄養蜂箱種植了不同的花卉，一進入館內即可看到屋頂上停著一隻巨大的蜜蜂模型。館內共分 2 層樓，挑高的天花板懸著巨大的蜂巢，1F 為展售區，販售多種蜂蜜產品，提供試飲服務。影片區的休息椅也用蜜蜂養殖箱的造型打造，相當可愛！2F 是產業介紹區，有真的蜜蜂養殖區。館外的小吧檯販售蜂蜜冰淇淋、輕食、冷飲，前方是一片大草地。

5 主建築物 6 影片播放區

INFO
- $　假日可租借大皮球，100 元／半小時
- 🕘　9:00～17:30，假日延長至 18:00
- ☎　（05）582-8255
- ⌂　雲林縣古坑鄉湳子路 88 號
- 🚗　臺 78 線古坑交流道約 3 分鐘，備有停車場

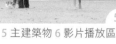

嘉義

大林鎮

新港鄉

民雄鄉

東石鄉

中埔鄉

❶ 大林鎮　諾得健康休閒生態園區

　　不論是從建築外觀或是公司名稱，都很難想像此處竟有如此適合小朋友的樂園。此處由天良生技所打造，從入口進去後，會先經過不小的賣場，販售家庭清潔用品及保健食品，後方才是生態園區。有占地相當廣闊的石英沙戲沙池，還有溜滑梯、數個坐騎、投幣式玩具，家長可以在充滿南洋風的休閒涼亭內休息，後方則有青青草原、九曲橋生態池。餐飲部販售平價的國民小吃、霜淇淋、香蒜麵包、肉丸等。

兒童遊戲區

INFO
- **$** 門票假日 50 元，可抵消費；平日則無
- **🕐** 8:00~17:50。全年無休
- **📞** （05）269-5988
- **🏠** 嘉義縣大林鎮排路里排子路 1-6 號
- **🚗** 國 1 大林交流道約 2 分鐘，備有停車場
- **ℹ** 兒童遊樂設施、哺乳室

❷ 民雄鄉　旺萊山烘焙坊

　　民雄鄉盛產土鳳梨，種植面積超過 700 公頃，旺萊山採用在地食材製成的鳳梨酥吃起來酸酸甜甜，櫃檯大方提供試吃，還免費供應熱茶；商品設計得活潑可愛，很適合當伴手禮。2F 也設有用餐區，還有一些展示看板介紹相關知識，後門通往露天觀景臺，可眺望整片的旺萊山。鳳梨田裡隱藏著幾隻貓咪公仔，不過要小心小朋友在鳳梨田亂跑，被葉子刺到可不是普通的痛喔！停車場旁有日式的祈福亭，這裡距離中正大學僅 1 公里。

INFO
- **$** 無低消
- **🕐** 9:00~18:00，假日延長至 19:00
- **📞** （05）272-0696
- **🏠** 嘉義縣民雄鄉三興村陳厝寮 1-3 號
- **🚗** 國 3 竹崎交流道約 15 分鐘，備有停車場

鳳梨田裡隱藏著幾隻貓咪公仔

❸ 民雄鄉 民雄金桔觀光工廠

　　50 多年前，創辦人蔡海漂先生設立了金桔加工廠來推廣地方特產，經過三代傳承後轉為觀光工廠。園區占地廣闊，早期醃製金桔的古厝改為展示文物，連 DIY 教室的桌子也以早期裁縫車改製而成，內容有製作金桔醬和風鈴彩繪。還有多種兒童遊樂設施：投幣式小火車、原木溜滑梯、搖搖馬等，伴手禮區有多種相關產品：桔餅、果凍、果醋、桔醬豆干。距離旺萊山烘焙坊僅 1 公里。

INFO

- 💲 DIY 皆 150 元
- 🕘 9:00～17:00。全年無休
- 📞 （05）272-0351
- ⌂ 嘉義縣民雄鄉三興村 38 號
- 🚗 國 3 竹崎交流道約 15 分鐘，備有停車場
- ⓘ 兒童遊樂設施、DIY 金桔醬

1 伴手禮區的金桔休息區
2 生態池可餵魚

嘉義

❹ 新港鄉 板陶窯交趾剪黏工藝園區

交趾陶是一種以低溫彩釉的軟陶，鮮豔的藝術品常見於廟宇的裝飾上。園區將這種傳統美學注入庭園設計，有小橋流水、水車魚池、以各種交趾剪黏工藝製成的可愛動物藝術裝置，不僅可以讓小孩觸摸，更可以騎乘，是個拍照的好地方。另外還有溜滑梯、羊駝區。體驗工坊提供捏陶、剪黏馬賽克拼貼、手繪陶盤等適合親子同樂的 DIY 課程。餐廳提供陶板燒套餐和日式火鍋，並提供住宿服務。

3 藝術裝置小鹿 4 捕魚趣

INFO

$ 門票 100 元，可抵消費。DIY 課程 150 元起，餐點 250 元起
🕐 9:30～17:30。公休周一
📞 (05) 781-0832
🏠 嘉義縣新港鄉板頭村灣子內 42-3 號
🚗 國 1 大林交流道約 20 分鐘，備有停車場
ℹ️ 兒童遊樂設施、DIY 課程、動物農場

❺ 新港鄉 新港香藝文化園區

因面臨大陸劣質香品的競爭，製香傳統工廠一一收起，然而這裡還有一群資深的師傅，在專注地製香。廣場上曝晒的香線，讓整個園區不時聞到陣陣檀香，令人心神安定；室內布置得古色古香，有展示作香的原料和植物，還有來自全臺各地廟宇的香火袋廊道，販賣部眾多獨特商品，如栩栩如生的檀香三牲，一旁免費供應熱茶，DIY 區可以將檀香香料像黏土般捏塑成各種形狀。戶外有餵魚池，另一館提供用餐和住宿服務。

5 入口處的迎賓公仔 6 模擬宋代文人雅士的休息區

INFO

$ DIY 香料 120 元起
🕐 8:00～19:00。全年無休
📞 (05) 374-7899
🏠 嘉義縣新港鄉菜公村嘉北公路 23-6 號
🚗 國 1 民雄交流道約 12 分鐘，備有停車場
ℹ️ DIY 香料

❻ 東石鄉 自然生態展示館

　　廣場有很大的草皮區，室內展覽共分 2 層樓。1F 有趣味問答看板，幫助遊客了解海洋的生態、魚類的食物鏈、食魚的文化；2F 則有多種數位互動體驗：地板投影踩螃蟹、觸控卡通電視牆、亮燈看板顯示鰲鼓溼地豐富的禽鳥種類、揮一揮數位棒找尋躲在紅樹林的生物有哪些等，適合親子同樂。

INFO

- $ 免費
- 🕐 8:00~12:00、13:00~17:00。公休周一
- 📞 （05）360-1801
- 🏠 嘉義縣東石鄉鰲鼓村 12 鄰四股 54 號
- 🚗 臺 82 線右轉 157 縣道約 20 分鐘，備有停車場

1 1F 展區 2 2F 地板投影踩螃蟹

❼ 東石鄉 東石漁人碼頭

　　入口處即可看到地標：荷蘭風車，占地廣闊，即使假日人潮洶湧也不至於太擁擠。結合多元化的服務，有海洋文化館、特產館、商店街、觀海亭、堤頂漫步平臺、愛情藝術地景，最受小朋友青睞的莫過於沙灘和戲水設施，人造沙灘設有排球網，需自備球類；夏季開放的戲水設施分為好幾個區塊，適合各個年齡層的小朋友。

INFO

- $ 假日乘坐馬車 100 元／人
- 📞 （05）373-2201
- 🏠 嘉義縣東石鄉東石漁港
- 🚗 臺 61 線左轉嘉 2 鄉道約 2 分鐘，備有停車場
- ℹ️ 兒童遊樂設施、哺乳室

3 吸睛的大鯨魚 4 占地廣闊的人造沙灘

嘉義

從第一頭牛開始,轉眼已過了 30 多年,園區目前更是供應瑞穗鮮奶的合作廠商。停車場旁即為伴手禮區,有多樣豐富的相關乳製品。從停車場要爬上不短的階梯才能到園區,依山而建的牧場,擁有遼闊的大草原,適合親子在草皮上玩球類運動、吹泡泡等,旁邊則圈養著鴕鳥、豪豬、迷你袋鼠、羊駝、鴿子、兔子等許多動物,感覺都還滿健康的,而且沒有什麼排泄物的臭味。小朋友可以買飼料餵食小動物、餵小牛喝奶,或是進入柵欄內親餵羊駝,假日可騎乘迷你馬,且有遊園小火車。

遊戲區則有多種投幣式玩具、標靶射箭、大型溜滑梯,下方連接大片沙池,需自備挖沙工具。DIY 彩繪區提供獨特獨角仙模型,還有溫室「獨角仙生態館」,自國內外引進 40 多種的獨角仙、鍬形蟲標本,另外還有食人魚、長臂猿、蛇、金雞等獨特生物。園區還有親山原木步道,不時可以聞到檜木的芳香,令人心曠神怡。獨角仙咖啡廳提供中西式套餐,團體可預約合菜。

INFO

- $ 門票100元,50元可抵消費。飼料費50元,獨角仙生態30元,套餐280元起,騎乘迷你馬50元,DIY活動150元起
- 🕐 8:00~17:00。全年無休
- 📞 (05) 203-0666
- 🏠 嘉義縣中埔鄉石硦村 15 鄰 45 號
- 🚗 國 1 中埔交流道約 15 分鐘,備有停車場
- ℹ️ 兒童遊樂設施、DIY 課程、動物農場

5

6

8

7

9

10

5 遼闊的牧場 6 餵食鴿群 7 可愛兔子區有各式品種的兔子 8 沙坑溜滑梯 9 遊園小火車 10 馬場旁的馬車

9 中埔鄉 綠盈牧場

懷有鄉村夢的顏先生，心中一直希望能將年輕時那個綠水盈然的美麗影像與國外的草原乳牛群結合，在家人的支持下，綠盈農場誕生了！入口即可看到紅色鮮豔的鄉村小屋，走近一看才發現原來是廁所呢！接著映入眼簾的是綠油油的大草皮，還有小朋友最愛的滾草捲。園區隨時可見由廢棄的鐵桶改造而成的動物藝術垃圾桶，相當有趣，遊樂設施有溜滑梯、搖馬、投幣式玩具、變色龍造型的隧道，夏天可以在戲水池體驗手搖船。另外還有昆蟲標本館、青蛙生態箱、巨大鳥籠、變色龍鐵琴、投幣式玩具車，並飼養迷你馬、豬、兔子、乳牛等動物，本牧場也是供應光泉牛乳的合作廠商，販賣部有超濃郁的霜淇淋、牛奶饅頭、奶茶等乳製周邊商品。DIY 教室則有彩繪瓷器；假日提供多項免費活動，像是趣味賽鵝、造型氣球、喝牛奶競賽、擠牛奶，後兩項有名額限制，可先至主題商店報名。鄉村風格的景觀餐廳提供簡餐，是熱門觀夕場所，也可一覽中埔鄉的山巒景色。園區依山而建，有些地段坡度較大，但手推車依然可以暢行無阻喔！可順道一遊相距 5 公里的嘉義縣客家文化會館，館內陳列許多客家早期生活文物：新娘轎、大灶鼎、老鋼琴，還有數片黑板圖畫區，小朋友可以隨興塗鴉。

INFO

- 門票 50 元，可抵消費。小火車一圈 40 元，餵小牛喝奶 30 元，套餐 250 元起，DIY 彩繪 120 元
- 9:00~17:00，假日 8:00~18:00
- （05）253-8505
- 嘉義縣中埔鄉鹽館村 4 鄰 2-3 號
- 國 1 中埔交流道約 10 鐘，備有停車場
- 兒童遊樂設施、DIY 彩繪、動物農場、哺乳室

1

2

1 入口處顯眼的廁所 2 草原上有大牧草，後方有兩輛牛車 3 小火車會繞生態湖一周，中央是賽鵝場 4 兒童遊樂天地 5 巨大鳥籠中關的是……？ 6 醒目的城堡是豬小弟的家，旁邊有鐵琴可敲打 7 戲水池 8 園區有多個藝術垃圾桶，後方為 DIY 作品櫥窗 9 視野很好的景觀餐廳 10 黑板圖畫區

臺

南

後壁區 ②

北門區

柳營區 ③ ④

⑥
⑦

善化區 ⑤

安南區 ①

安平區 ⑨ ⑧ ⑪
⑩ ⑫

南區 ⑬

仁德區

　　1F 大部分為兒童區，有時光車站，可以進入內部觀看火車劇場，窗外以 10 分鐘的動畫片呈現臺灣 400 年來的歷史，並配合劇情，行進間不時會搖晃一下，讓小朋友更能身入其境。下車後連接戶外展區有地洞、蘭嶼達悟族、紅樹林生態（有招潮蟹、彈塗魚、貝類的雕像），最後由蝴蝶隧道回到室內展區。兒童手作區提供免費的 DIY 材料：摺紙、畫畫，還有大型軟積木，假日有繪本說故事時間；販賣處銷售各種兒童建構式教具。2F 為常設展，用生動的場景和栩栩如生的 1：1 蠟像人訴說臺灣歷史，從航海時代香料的運送（旁邊有聞香機器）、先民歷經千辛萬苦渡過臺灣海峽到臺灣、清代臺灣社會透過訂立買賣契約的交易方式、日治時期有卡通播放室，播放三部二戰時的日本勵志黑白動畫。3F 為特展區。戶外有水舞秀、大片小石子，許多家長會帶小孩來這裡挖石子，還有生態綠地、滯洪池、臺灣大地圖、巨型藝術品等。

INFO

$ 門票 80 元

🕐 9:00~17:00。公休周一

📞 （06）356-8889

🏠 臺南市安南區長和路一段 250 號

🚗 國 1 永康交流道約 5 分鐘，備有付費停車場

ℹ️ 兒童遊樂設施、DIY 美勞、哺乳室

1 時光車站 2 早期的香料運送 3 日治時期場景 4 卡通播放室 5 蠟像人演示臺灣早期場景 6 臺灣大地圖

② 後壁區 菁寮荷蘭井湧泉民宿

位於無米樂社區內，園區提供住宿，也歡迎非住宿的大小朋友一起來過過農村生活。可以體驗用竹竿推動的人力輕便車、挑扁擔、古早嬰兒搖床，還保留古樸的洗衣池；入口旁的荷蘭古井已有 300 年的歷史，如今仍供應民宿的沐浴水源！可以預約割稻飯。民宿區由一座百年的三合院改建而成，有多間充滿懷舊阿嬤花布的房間，周邊有老街、稻田，很適合來個單車輕旅行。

INFO
- 💲 通鋪 700 元／人
- 🕐 10:00~18:00，假日 9:30~19:30。公休周一
- 📞 0931-033700
- 🏠 臺南市後壁區菁寮里菁寮老街荷蘭井 129 號
- 🚗 臺 82 線鹿草交流道約 12 分鐘，路邊停車
- ℹ️ 兒童遊樂設施、動物農場

1 古樸的洗衣池 2 古早嬰兒搖床

③ 柳營區 八老爺牧場

柳營的八翁酪農區為全國最大的乳牛場，目前已有數家牧場讓遊客參訪。其中的八老爺牧場不用門票，可隨意進入餵牛、小羊、豬等小動物，還有一些立牌、模型牛可以拍照留念，但是園區不大，可玩的東西不多，不少人前來購買奶製品伴手禮，有鮮奶餅乾、鮮奶酪、鮮奶饅頭、鮮奶燒、牛奶糖、起司棒等，還有特色簡餐。附近有臺糖五分車至八老爺車站，假日才會發車，可供親子搭乘，到達中興車站「乳牛的家」。

INFO
- 💲 臺糖五分車大人 100 元，兒童 70 元
- 🕐 10:00~18:00，假日 9:30~19:30。公休周一
- 📞 （06）622-5821
- 🏠 臺南市柳營區八翁里 93-139 號
- 🚗 國 1 新營交流道約 10 分鐘，備有停車場
- ℹ️ 動物農場

模型牛

④ 柳營區 乳牛的家

前身為營長牧場，也是八翁酪農區的一份子，園區較具規模，飼養多種動物：鴕鳥、兔子、小雞、小鴨、迷你豬，小朋友可以買牧草、飼料餵食，也可體驗餵小牛、小羊喝奶奶的樂趣。昆蟲蝴蝶標本館旁提供多種騎乘玩具，雖然有點老舊，但也能讓小朋友玩得很開心。園區外的自由參觀區有由臺鐵老火車廂變身而成的鐵路餐廳，超香濃的牛奶火鍋是內行人必點的項目！假日可搭乘臺糖五分車往返八老爺車站。

3 滿場跑的迷你豬 4 乳牛可以讓遊客體驗現擠牛奶

INFO
$ 門票 90 公分以上 50 元，30 元可抵消費
🕐 8:00~17:00，假日延長至 18:00
📞 （06）622-5199
🏠 臺南市柳營區八翁村 93-138 號
🚗 國 1 新營交流道約 10 分鐘，備有停車場
ℹ️ 兒童遊樂設施、動物農場

⑤ 善化區 胡厝寮彩繪村

彩繪景點較分散，整個徒步走完至少半小時，建議攜帶手推車，巷子頗寬敞，有不少車子經過，要注意小朋友的安全。彩繪村內容豐富，有卡通龍貓、航海王、麻將牆、中國風剪紙、臺灣黑熊、馬來貘、白雪公主、貓頭鷹、小紅帽、超級瑪莉等。假日會有彩繪教學。

INFO
$ 免費
🏠 臺南市善化區胡厝寮
🚗 國 1 麻豆交流道，過善化區陽明國小直走，路邊停車

5 主題卡通彩繪 6 小朋友最感興趣的地方：CD 牆

北門遊客中心周邊包含許多景點：婚紗美地、水晶教堂、臺灣烏腳病醫療紀念館、錢來也商店等，皆可步行到達。

婚紗美地是公辦民營的廣場，提供許多浪漫藝術造景，讓民眾拍照留念，也有許多新人到此拍攝婚紗，不論平假日，遊客絡繹不絕，要拍照必定要排隊輪流，建議平日前往，小孩會玩得較盡興；水晶教堂則以大片玻璃打造夢幻的婚禮廣場；烏腳病醫療紀念館由王金河醫師故有診所改建，1940、50 年代，當地村民因飲用汙染的地下水而有多人罹患烏腳病，甚至許多患者不得不截肢，而長期定居在此的王醫師，一生為烏腳病病患免費看診、開刀，犧牲奉獻精神令人佩服。戶外的夢奇地音樂廣場提供多種放大版的樂器：豎琴、薩克斯風，可供民眾拍照留念；錢來也商店販售許多柑仔店的零食、小玩具。

而看似平淡的北門遊客中心，裡頭竟然有座抹香鯨巨型標本，原來是 2005 年時於北門王爺港汕擱淺的抹香鯨，由於體積太過於龐大，所以就地掩埋，3 年後開挖並製作成標本，館內還有數位互動體驗：學習煮道地的海鮮料理、民間信仰擲筊。不論平假日沿途皆有不少攤販，提供冷飲熱食。周邊有規劃自行車道。

INFO

- 💲 免費
- 🕐 9:00～17:30。全年無休
- 📞 （06）786-1000#280
- 🏠 臺南市北門區北門里舊埕 200 號
- 🚗 臺 84 線玉井交流道約 12 分鐘，備有停車場

1 婚紗美地場景 2 烏腳病紀念館前的夢奇地音樂廣場 3 遊客中心裡的抹香鯨標本和數位互動體驗 4 舊錢來也商店，門口旁停放三輛復古的偉士牌 5 周邊特產，由虱目魚製成的一夜干

⑦ 北門區 井仔腳瓦盤鹽田

　　井仔腳鹽田是臺灣歷史最悠久的鹽場，近 200 年。根據史書記載，平埔族製鹽技術甚差，味道苦澀難嚥，經改良後成為知名晒鹽場。如今臺鹽已廢晒，轉為親子觀光同遊的好地方，遊客可在此體驗傳統晒鹽、挑鹽、收鹽、踩水車的樂趣，鹽田旁還有鹽池可以讓小朋友挖沙（鹽）。也可以登上鐵樓眺望不凡的晒鹽場，此處也是觀日落的人氣場所。平日會有一些小吃攤販，假日柑仔店才會營業。

6 沙下鹽田體驗 7 挖沙（鹽）

INFO
- $ 免費
- 🕐 8:30～18:00。全年無休
- 📞 （06）786-4938
- 🏠 臺南市北門區永華村井仔腳
- 🚗 臺 84 線玉井交流道約 18 分鐘，備有停車場
- ℹ️ 兒童遊樂設施

⑧ 安平區 安平蚵灰窯文化館

　　臺南地區燒蚵灰歷史悠久，自十七世紀荷蘭統治時期即有記載。是臺灣早期重要的房屋建材原料之一，然而燒蚵會造成空氣汙染，產業目前大多已停止。蚵灰窯建築外觀外方內圓，整體造型相當特殊，保留不少相關文物，展示蚵的生態、燒蚵灰的歷史、還有貝類展示區。館內不大，可以順道一遊旁邊的河堤，圍牆彩繪著安平的特色歷史，備有自行車道。

廣場擺放讓蚵生長的人工石

INFO
- $ 免費
- 🕐 9:30～17:00。公休周一
- 📞 （06）228-6836
- 🏠 臺南市安平區安北路 110-1 號
- 🚗 國 1 永康交流道約 22 分鐘，路邊停車

　　整館皆以日式風情布置，還可聽到日本傳統歌曲。進入館內前可以洗鹽除穢，館內提供多種色彩繽紛的鹽巴試吃，有柴魚、醃梅、海苔等多種口味，也有多種加鹽霜淇淋可購買。小朋友最感興趣的莫過於彩鹽燒，看似包子的鹽燒，用木槌敲碎後，裡頭包的竟是水煮蛋！可以沾著敲下來的鹽巴提味，也可以把鹽巴帶回家沐浴淨身。戶外夫妻樹上掛滿人們的願望，館外有大片人工白海灘，備有淋浴設備。

INFO

🕐 11:00~19:00，假日 10:00~20:00
📞 （06）391-1088
🏠 臺南市安平區古堡街 196 號
🚗 國 1 永康交流道約 25 分鐘，備有停車場

1 日式風情的園區
2 有趣的彩鹽燒

臺南

　　府城最具代表性的美食莫過於虱目魚料理，相傳人稱「國姓爺」的鄭成功很喜歡虱目魚，因此虱目魚又名「國姓魚」。老闆將廢棄多年的餐廳重新注入新元素，壁面用臺南特產「蚵殼」來裝飾，還有幾隻貓咪公仔，想要捕捉飛天的虱目魚，1F 櫃檯前有提供幾隻大小不一的虱目魚布偶供小朋友拍照留念，2F 有數位互動捕魚。販賣處提供多元化的虱目魚相關產品，吃的、喝的，甚至連魚鱗也可用來提煉膠原蛋白！

INFO

🕘 9:00～18:00。公休周一

📞 （06）293-1097

🏠 臺南市安平區光州路 88 號

🚗 國 1 臺南交流道約 20 分鐘，路邊停車，對面為億載金城，停車一次 30 元

ⓘ 兒童遊樂設施

3 趣味橫生的藝術裝飾 4 數位互動捕魚

1F為免費公托，限定0至3歲，3、4F為專為12歲以下兒童設計的親子共遊兒福館，占地廣大，假日也不會顯得太擁擠。3F有生活扮演區，提供兒童廚房、麵包蔬果店、洗頭美髮店、章魚燒小丸子攤販，還有能充分顯現在地特色的擔仔麵鋪。為迎接新住民，也設有南洋文化迷宮，提供不同東南亞國家的文化說明及動手探索操作單元，體能探險樂園則是利用繩索網牆、攀岩、平衡教具、大型溜滑梯，來鍛鍊大、小肌肉，海盜船可進入船艙內部探險，積木建構區擁有數萬片的積木，讓孩子營造更大的想像力，作品還可展示在櫃上一個月！

大膽的小朋友不妨來挑戰一下黑暗迷宮，走廊的空間也充分利用，有圖形排列、哈哈鏡、水管樂器。還有專為100公分以下幼兒設計的遊戲空間，備有球池、鏡面鑽爬箱、角色扮演布偶等。4F有多種騎乘玩具，地上有畫簡單的行車路線軌道，其中一小區鋪設木頭地板，提供多種形狀的積木；也可至太空探險傾斜屋，研究一下為什麼球會往上滾呢？還有多種模型，可以製造出令人意想不到形狀的泡泡。假日會開放有聲童話屋，結合CD與故事繪本、公車造型的家庭劇院、小記者播報臺。

INFO

💲 門票假日1歲以上兒童100元，成人60元；平日均50元。兒童設籍於臺南市半價

🕐 9:00~17:30，平日中午休息1.5小時。公休周一

📞 （06）299-9381

🏠 臺南市安平區中華西路二段315號

🚗 國1永康交流道約20分鐘，路邊停車

ℹ️ 兒童遊樂設施、爬行區、哺乳室

1 生活扮演區：西式麵包店 2 生活扮演區：日式小攤車 3 生活扮演區：美容洗髮 4 海盜船 5 大型體能溜滑梯 6 有趣的泡泡

⑫ 南區　黑橋牌香腸博物館

　　黑橋牌香腸是臺灣老字號的品牌，從府城起家，亦於府城設立香腸博物館。入場免門票，入口處旁邊有復古味十足的香腸腳踏車、彈珠臺、骰子供小朋友把玩。1F 為展售空間，室內一隅的閱覽區放置著世界各國美食的兒童繪本，用餐區後方為有趣的香腸迷宮，2F 提供世界各國香腸的文化及知識，也有充滿異國風情的肉品培根店；3F 則介紹品牌，並有臺灣復古味的布景、立牌。

INFO

$　香腸公仔 DIY180 元／隻
🕐　9:30~17:30。公休周一
📞　（06）261-6990
🏠　臺南市南區新忠路 2 號
🚗　國 1 仁德交流道約 15 分鐘，備有停車場
ⓘ　兒童遊樂設施、DIY 香腸公仔

7 戶外彈珠臺 8 復古的室內布置

⑬ 仁德區　都會公園兒童島

　　都會公園占地廣大，適合手推車，之中的兒童島有數座溜滑梯、挑戰體能的繩索網牆，還有香菇造型的廁所，內部設有兒童馬桶，周邊有滯洪池可以餵魚，噴水池廣場有水舞秀。也可沿著木棧道觀賞不同角度的奇美博物館；奇美博物館於 2015 年開放，傍晚後幽靜的夜景是許多情侶散步的場所。

INFO

$　免費
📞　（06）266-0808
🏠　臺南市仁德區文華路二段 62 號
🚗　臺 86 線臺南交流道約 8 分鐘，備有付費停車場
ⓘ　兒童遊樂設施

夜晚的奇美博物館

高雄

橋頭區 ②

大樹區

左營區 ③.④

① ⑥

鼓山區

⑧

① ⑤

鳳山區

三民區 ⑦

小港區

⑨

旗山區

屏東

⑫ 內埔鄉

枋寮鄉

⑩

⑪ 車城鄉

東

購買常設展門票後，即可暢遊北館的 B1 至 6F 常設展示廳，其中 B1 是專為小朋友打造的兒童科學園，主要分成三部曲：糖果屋、奇幻國、夢想號。

一進入糖果屋即可看到超級夢幻的巨大薑餅屋，沿著旋轉樓梯爬上頂樓有傳聲筒，還有攀岩場、與薑餅人賽跑、騎搖馬等。奇幻國有鏡面迷宮、萬花筒、3D 互動、紅外線槍擊手等。夢想號內部有大的模型船，小朋友不僅可以進入船艙內部爬上爬下，船內多處也設有不同的科學小遊戲可以體驗，如空氣槍、漂浮球、掌舵滾球、衝浪平衡板。4F 有適合大孩子動手操作的趣味科學實驗，也可額外付費進入地震體驗屋、搭乘氫燃料電池小火車，5F 是用餐區。

南館位於北館對面，有豐富藏書。斜對面的高雄市兒童福利中心戶外有溜滑梯，地下室則有攀岩場，室內 1F 有 0 至 2 歲嬰幼兒專區，2F 為 3 至 12 歲專區，占地最大，有多種遊樂設備，哈哈鏡、餐廚玩具、平衡系列、積木、益智玩具、圖書等。B1 則是球類運動、二手玩具租借中心和 7 至 12 歲體能探索區。

INFO

$ 科工館常設展門票 100 元，兒福館免費，特展、立體電影院、多媒體劇場需額外購票。電池小火車 30 元／人

🕐 9:00~17:00，夏季延長至 18:00。公休周一

📞 （07）380-0089

🏠 高雄市三民區九如一路 720 號

🚗 國 1 高雄 A 交流道約 3 分鐘，備有付費停車場

ℹ️ 兒童遊樂設施、爬行區、哺乳室

1 夢想號 2 奇幻國 3 糖果屋 4 小火車
5 趣味科學實驗 6 兒福館的攀岩場 7
兒福館的積木場 8 兒福館 2F

② 橋頭區 橋頭糖廠

　　占地廣闊的糖廠，除了必備的吃冰行程，還有豐富的遊玩選項。戶外陳列著各式各樣的退休老火車；鐵園迷城是座小巧的迷宮，將廢棄鐵器賦予新生命，改造成獨特的藝術品，有小朋友可以騎乘的毛毛蟲，還有機器人、砲彈、8 又 1/2 小火車；另外還有甘蔗迷宮、農機械展示、糖廠展覽館、藝術村、假日限定的五分小火車。園區裡也保留不少日治時期的特色建築，紅磚瓦房、拱廊平樓等，還有充滿歷史文化的臺灣糖業博物館。

INFO
- $ 免費
- 🕘 9:00～16:30。全年無休
- 📞 （07）611-9416
- 🏠 高雄市橋頭區糖廠路 24 號
- 🚌 捷運橋頭糖廠站
- ℹ️ 兒童遊樂設施

1 園區有各式各樣的退休老火車 2 由廢零件重組的坐騎

③ 左營區 高雄物產館

　　原是蓮池潭風景區管理所，而後改造成推廣在地優質農產品的中心，供應大高雄產地直送的新鮮蔬果產品，如旗山香蕉、大寮紅豆、美濃米等，並創造可愛的公仔讓整體環境更顯活潑；2F 有高雄農業故事館。本館緊鄰蓮池潭，從後花園的木棧臺上即可觀賞湖光水色，周日戶外廣場會舉辦微風市集。

INFO
- $ 免費
- 🕘 9:30～21:30。全年無休
- 📞 （07）582-5885
- 🏠 高雄市左營區翠華路 1435 號
- 🚌 國 10 左營交流道約 2 分鐘，備有停車場；或火車至左營站

館內寬敞明亮的大廳

④ 左營區 蓮池潭風景區

　　是座天然的泮池，每到夏天有朵朵盛開的蓮花，因而得此芳名。此處也是左營著名的寺廟觀光勝地，其中的「龍虎塔」更是著名景點，遊客可以由龍口進、虎口出，以求趨吉避凶；龍身內畫有二十四孝浮雕，虎身則畫有孔子的得意門生和玉皇大帝，夜晚點燈後更具莊嚴的氣派，春秋閣的龍身內部則繪有天堂與地獄的場景。另外，近年來潭面興起一股水上滑板遊戲，是座國際級的纜繩滑水場，國小以上的學童就可以參加囉！

INFO
$　 免費
⌂　高雄市左營區翠華路 1435 號
🚗　捷運左營站

龍口進，虎口出

⑤ 鳳山區 衛武營都會公園

　　此處原為軍營，後將部分軍營基地轉為占地相當廣闊的都會公園，攜帶小朋友的旅客可由南區入口進入兒童遊樂場，內有溜滑梯和兩座沙坑，一座沙坑屬白沙，質地相當細膩，占地不小；另一座名為故事屋，由小沙石組成，周邊有圍一圈木頭休息區，另外還有花海、生態池、眺望臺、探索林、體能區（單槓、跳馬鞍、紅土跑道等）。此處也是練習騎乘腳踏車的好地方。

INFO
$　 免費
⌂　高雄市鳳山區新強里 15 鄰
　　輜汽路 281 號
🚗　國 1 高雄 B 交流道約 5 分鐘，
　　備有付費停車場
ⓘ　兒童遊樂設施

3 溜滑梯和占地不小的潔白沙坑
4 眺望臺

為全臺灣第一座以兒童為主要對象所設的美術館，戶外有長達 50 公尺的沙坑（須自備工具）、景觀花園、藝術造景、池塘。室內展覽室分成 2 層樓，每年規劃不同主題的特色活動，配合多種美術操作區，如拓印、串琉璃珠、水畫牆、剪紙等。嬰幼兒專區限定 90 公分以下的小朋友進入，全區皆鋪上軟墊，並備有平衡感教具、球、柔軟的布質玩具。

INFO

$ 免費

🕐 9:00~16:30，中午清場；假日 9:30~17:30。周一公休

📞 （07）555-0331#300

🏠 高雄市鼓山區馬卡道路 330 號

🚗 國 10 左營交流道約 8 分鐘，備有停車場

ℹ️ 兒童遊樂設施、爬行區、哺乳室、DIY 美勞

1 展覽室 2 嬰幼兒專區

❼ 小港區 淨園休閒農場

　　坐落於小港機場旁邊的農場，有絕佳的位子可以觀賞飛機起起落落。整個園區以悠閒的南洋風情打造，有濃蔭蔽天的雨林植物，茅草涼亭的前方有一片沙坑，須自備挖沙工具。也可買飼料餵山羊、麝香豬、羊駝等，還可觀賞河馬、紅鶴、浣熊、各種鸚鵡。專業的馬場採會員制收費教學，前方空地還特別設置了多種搖搖馬。為確保園區動物的健康，不能攜帶寵物入內喔！

3 園區以熱帶風情打造 4 馬術活動

INFO

$ 門票 200 元，100 可抵元消費。套餐 340 元起

🕙 10:00～24:00，假日提早半小時

📞 （07）793-2223

🏠 高雄市小港區明聖街 135 巷 10 弄 12 號

🚗 國 1 瑞隆路交流道約 8 分鐘，備有停車場

ℹ️ 兒童遊樂設施、動物農場

❽ 大樹區 三和瓦窯

　　位於大馬路旁的招牌和看似工地的工廠，讓人很容易錯過歷史久遠的磚窯廠。原來園區隱身於大樹舊鐵橋旁，可以走高架鐵路過去。園區不大，卻有著非常精美的磚瓦庭園設計，窗花、拱橋、磚雕，小朋友可以在古老的磚瓦房內，體驗免費的迷你版磚塊，不論是堆疊成小磚屋或是骨牌都相當有趣，旁邊還有磁鐵積木、習字磚；DIY 項目多樣：磚土、彩繪杯墊、磚雕皂盤。古樸的「磚賣店」販售迷你版磚塊，並將紅磚結合文創商品，非常適合當伴手禮。

5 迷你版的磚塊 6 舊鐵橋可以走上去參觀

INFO

$ DIY180 元起

🕙 8:00～17:00，假日晚 1 小時營業

📞 （07）652-1432

🏠 高雄市大樹區竹寮路 94 號

🚗 國 10 仁武交流道約 20 分鐘，備有停車場

ℹ️ 兒童遊樂設施、DIY 磚雕

⑨ 旗山區　旗山生活文化園區

　　鼓山國小為日治時期供日人子弟與旗山望族就讀的高等小學校，現為縣定古蹟，閒置多年後改造成適合民眾休息的文化園區，並以旗山在地特色「香蕉」為主題打造而成，戶外草皮應景地種上結實纍纍的香蕉樹。以巴洛克式風格建造的小學，如今依舊展現華麗的風格，教室則改造成展示廳、適合小朋友的香蕉故事館、咖啡廳有販售以香蕉製成的特色伴手禮、香蕉冰棒等。

INFO

- $　免費
- 🕐　9:00~18:00。公休周一
- 📞　（07）662-8868
- 🏠　高雄市旗山區文中路 7 號
- 🚗　國 10 旗山交流道約 5 分鐘，路邊付費停車

1 挑戰 52 公斤的香蕉扁擔　2 戶外的藝術裝置

⑩ 枋寮鄉　枋寮鐵道藝術村

　　從枋寮火車站往左步行即是鐵道藝術村，由老舊鐵路員工宿舍整修而成，村內處處可見用不同材質做出的獨特藝術品、數間充滿人文氣息的餐飲店、原住民木雕、漂流木創作；可 DIY 馬賽克拼貼、版畫、石雕、皮雕等。廣場上有以海底世界為主題的彩繪街景，車站的前方是熱鬧的海產街。

INFO

- $　遊客中心可租單車，50 元／次，DIY 工藝 120 元起
- 🏠　屏東縣枋寮鄉儲運路 15 號
- 🚗　火車至枋寮站
- ℹ️　DIY 工藝

3 小火車造景　4 藝術創作

入口不遠處即有兩座戲水池，一座是太平洋親水廣場，有多種魚類模型，海豚、旗魚、章魚等，另一個是鯨魚戲水池，兩區皆是淺水池，很適合幼兒。

館內展場主要分成四大區，臺灣水域館介紹臺灣溪流常見的魚種，後方兒童探索區可以觸摸海星、海膽、海參，珊瑚王國館有非常美麗的各式珊瑚、鮮豔的魚種，潛水員悠游於海底隧道表演精采的餵食秀，並以古船意境打造出獨特的海底神祕世界；世界水域館的極地探險區有真的企鵝、北極熊劇場、長達數十公尺的巨型海藻，還可駕駛電玩潛水艇，進入虛擬的海底世界。館內側邊有座人煙罕至的海底生物遊樂場，小朋友可以從鯊魚大開的血口進入，巨大的貝殼洞穴是祕密基地。

據說，全世界的海生館只有這裡開放夜宿獨特體驗，可以觀賞到不一樣的夜間魚群、平常遊客禁止進入的水池上方，並自行在館內挑選喜歡的位子打地鋪，與魚兒共同入眠！

INFO

- $ 門票 450 元
- 🕘 9:00~17:00，夏季延長至 18:00。公休周一
- 📞 （08）882-5678
- ⌂ 屏東縣車城鄉後灣村後灣路 2 號
- 🚗 國 3 南州交流道約 1 小時，備有付費停車場
- ℹ 兒童遊樂設施、哺乳室

5

6

8

7

9

10

5 鯨魚戲水池 6 海底隧道 7 小白鯨 8 餵食秀 9 潛水艇電玩 10 貝殼洞穴

⑫ 內埔鄉 六堆客家文化園區

　　六堆地區是臺灣客家人最早聚居的地方。占地非常廣闊的園區，入口處提供付費單車租借的服務，一進入園區即可看到水舞噴泉，即使是冬天仍有不少小朋友忍不住要衝進去玩耍呢！

　　館內最顯眼的建築物，莫過於以紙傘為造型的六個大涼亭，其內規劃成客家市集，有食堂、手工藝品、客家食品等，旁邊還特別設置紙傘實體店面，內有精美的傳統紙傘，小朋友也可以額外付費體驗手繪紙傘。多媒體展示館的 2F 有專為 3 至 12 歲兒童打造的兒童工坊，有多種數位互動學習、中藥行、客家服飾、彈珠童玩、竹製樂器等。菸樓內忠實呈現古早風情，民眾也可以提前預約體驗菸草的栽培、收成等農家活動，戶外則有親水步道、大型藝術品、沙坑（需自備挖沙工具）、寬版磨石子溜滑梯、淺水戲水池。

INFO

$ DIY 紙傘免費

🕐 展場 9:00~17:00，戶外延長至 20:00。公休周一

📞 （08）723-0100

🏠 屏東縣內埔鄉建興村信義路 588 號

🚌 國 3 長治交流道約 5 分鐘，備有停車場

ⓘ 兒童遊樂設施、哺乳室、DIY 紙傘

1 水舞秀 2 沙坑和戲水池 3 兒童工坊
一景 4 菸樓 5 生態池 6 廣場上的雕塑
7 草皮上的風車

宜蘭

頭城鎮

礁溪鄉

員山鄉

宜蘭市

五結鄉

羅東鎮

冬山鄉

蘇澳鎮

① 頭城鎮 北關休閒農場

倚山面海的北關農場，占地廣闊，擁有豐富的自然資源。園內最著名的是臺灣第一座以螃蟹為主題的博物館，珍藏 700 餘種活體及標本，因為螃蟹是深海區的動物，所以館內也貼心地打造低光源、涼爽的環境。另外園內多處也以螃蟹為設計主題：戶外有兩隻巨大的螃蟹模型、木雕螃蟹休息椅、DIY 螃蟹拓印、DIY 彩繪瓷器螃蟹等。開放式餐廳供應免費飲料，後方為山泉戲水池，有座優美的中式橋梁橫跨池子，水池前半部為低水位的兒童戲水池，喜歡刺激一點的小朋友旁邊還有噴水槍設備；後方有戲水溜滑梯，不過此處較少人玩，因此池子底部長青苔，容易打滑，要特別小心，旁邊還有趣味的水上石板路。

廣場上設有溜滑梯、海洋生物搖搖馬，旁邊有個遮陽的小溜滑梯球池。動物有圈養的羊咩咩、大白鵝，放養的山雞愜意地在小山坡上行走，團體也可預約施放天燈。園區廣植果樹木瓜、柳丁、柑橘、金桔、李子、桃子等，若來此住宿，可體驗免費採果的樂趣，起得早的話，還可見到龜山島日出喔！

INFO

- $ 門票 150 元。DIY 活動 150 元起
- 🕐 8:00～17:00。全年無休
- 📞 （03）977-2168
- 🏠 宜蘭縣頭城鎮更新路 205 號
- 🚗 國 5 頭城交流道約 20 分鐘，備有停車場
- ℹ 兒童遊樂設施、DIY 彩繪、哺乳室

1 入口處旁的巨大帝王蟹，池子可餵魚 2 巨大的螃蟹模型 3 螃蟹博物館的活體養殖箱 4 螃蟹博物館的標本 5 山泉戲水池的前半部 6 戲水溜滑梯 7 水上石板路

② 頭城鎮 伯朗城堡咖啡館

金車這十幾年深耕於宜蘭，擁有不少特色休閒園區，如蘭花園、威士忌酒廠、無毒蝦等，而這座城堡咖啡館，很難想像竟然建於山中，上山路小，需要一點開車技巧。戶外有風車、露天咖啡座，登上城堡頂樓可以看到無敵的龜山島海景，館內販售精緻小蛋糕、飲品，假日常高朋滿座。沿著山路再往下開有坐落於造林園中的咖啡二館。

INFO
$ 免費
🕐 8:00～19:00。全年無休
📞 （03）969-9226
🏠 宜蘭縣頭城鎮外澳里 8 鄰石空路 95 號
🚗 國 5 頭城交流道約 20 分鐘，由接天宮後方小路進入，備有停車場

1 頂樓無敵海景 2 挑高明亮的用餐區

③ 頭城鎮 外澳灣

綿延數公里的外澳灣，擁有大片平坦沙灘，更可遠眺著名的東北角美景，龜山島。主要有三個入口可以玩沙戲水，伯朗咖啡館也建於此路段上，黃色的建築物相當顯眼，提供免費淋浴設備，雖已歇業但仍可進入，旁邊設有遊客服務中心。此處也是衝浪、飛行傘的熱門地點，小朋友看到飛行傘降落都會相當興奮。或是至鄰近店家消費也可使用淋浴設備。

INFO
🏠 宜蘭縣頭城鎮濱海路二段 6 號
🚗 國 5 頭城交流道約 10 分鐘，備有停車場

3 伯朗咖啡館 4 降落傘

宜蘭

❹ 頭城鎮　蘭陽博物館

　　建於烏石港區，保留整片的溼地，外觀十分特殊的博物館，設計概念取自於東北角常見的單面山：指的是一邊陡峭而另一邊緩斜的山形。館內常設展規劃有「山之層」、「平原層」、「海之層」三處。還有以蠟像模型演示早年的農間鴨稻景致、當地文化慶典「搶孤」，漁船可上去參觀，體會在甲板上眺望的感覺。專為 6 至 12 歲兒童打造的兒童探索區，結合遊戲和互動教具，營造讓兒童探索海洋世界的奧祕，假日有免費 DIY 活動。

博物館外觀

INFO
- $ 門票 100 元
- 🕘 9:00~17:00。公休周三
- 📞 （03）977-9700
- ⌂ 宜蘭縣頭城鎮青雲路三段 750 號
- 🚗 國 5 頭城交流道約 10 分鐘，備有停車場
- ℹ️ 兒童遊樂設施、哺乳室、DIY 課程

❺ 礁溪鄉　湯圍溝溫泉公園

　　頗具歷史與泡湯文化的礁溪溫泉，在清代即有紀錄，是臺灣少見的平地溫泉，屬於鹼性溫泉，色清無味。戶外有兩座免費的溫泉泡腳池，一為湯圍溝溫泉，再深入園區內部還有另一座較為清幽的泡腳池；另有付費男湯區、親親魚，可以享受魚吻清腳皮的特殊體驗。園區遍植花卉，設有木棧臺小劇場、親子亭、禪意的檜木風呂、親水步道。鄰近有近百家旅館林立。

INFO
- $ 溫泉 80 元
- 📞 （03）987-4882
- ⌂ 宜蘭縣礁溪鄉德陽路、仁愛路間
- 🚗 火車至礁溪站，步行 5 分鐘

5 泡腳池 6 親親魚

龍潭湖是蘭陽五大名湖中面積最大的天然湖泊。湖水三面環山，山腰有數座頗負盛名的廟宇，暮鼓晨鐘，飄渺幽靜，風景區占地非常廣闊，環湖步道規劃完善，適合自行車、手推車。對於小孩子而言，最有趣的莫過於磨石子溜滑梯，坡度平緩的溜滑梯，底部有很大的緩衝區，連小小孩都可以玩得非常盡興！不過溜滑梯的材質有點粗糙，建議穿厚一點的褲子，或自行攜帶厚紙板。

INFO

- $ 免費
- ⌂ 宜蘭縣礁溪鄉龍潭村環湖路 1 號
- 🚗 國 5 宜蘭交流道約 18 分鐘，備有停車場
- ⓘ 兒童遊樂設施

1

2

1 親水木棧道 2 磨石子溜滑梯

　　傳說，好久好久以前，宜蘭外海有個巨人村，高大的巨人全身火紅，人類們都稱他們為「赤魁」。然而原本和平相處的人類和赤魁，卻在一次天災後，家園被摧毀的赤魁開始騷擾人類的部落……，後來怎麼了呢？答案就在妖怪村內。以日式風格打造的建築，館內占地不大，首先映入眼簾的是商品販售區，有現烤麵包、古早味零食、文創伴手禮。用餐區有巨大的赤魁寶寶，等您來完成故事的結局喔！

INFO

- $ 套餐約 200 元起
- 🕘 9:00～20:00。全年無休
- 📞 （03）928-9933
- ⌂ 宜蘭縣宜蘭市梅洲二路 140 號
- 🚗 國 5 宜蘭交流道約 10 分鐘，備有停車場

3 古建築外觀 4 餐廳入口

❽ 宜蘭市 亞典蛋糕密碼館

　　秉持做出安心給家人吃的食品，全部於無塵室內廠房製作、包裝。主打蜂蜜類的蛋糕，人氣暢銷第一名莫過於年輪蛋糕，近年來更成功研發以米取代麵粉為主原料，更利於人體消化；水滴乳酪也是超人氣商品。試吃量非常大方，還有免費咖啡可品嘗，且除了商品販售，館內另規劃蜂蜜蛋糕文化展示區、現場蛋糕烘焙區，團體可預約 DIY 蛋糕。

INFO
- $ DIY 蛋糕 150 元
- 🕘 9:00~18:00。全年無休
- 📞 (03) 928-6777
- 🏠 宜蘭縣宜蘭市梅洲二路 122 號
- 🚗 國 5 宜蘭交流道約 12 分鐘，備有停車場

年輪蛋糕模型和廠房製作

❾ 宜蘭市 橘之鄉蜜餞形象館

　　堅持不加防腐劑，用天然作法呈現自然風味的橘之鄉，館內呈現明亮的日系雜貨風格，產品包裝精美，適合當伴手禮。還有超大椅子可以合照。可試飲免費的生津金棗茶，及試吃蜜餞，也可 DIY 醃李子或製作蜜餞。這裡距亞典蛋糕密碼館和山寨妖怪村約 500 公尺，步行即可到達，只是假日時，這三個景點人潮都很洶湧。

INFO
- $ DIY150 元／次，課程內容不一定
- 🕘 8:00~18:00。全年無休
- 📞 (03) 928-5758
- 🏠 宜蘭縣宜蘭市梅洲二路 33 號
- 🚗 國 5 宜蘭交流道約 10 分鐘，備有停車場
- ⓘ DIY 蜜餞

罐裝蜜餞

宜蘭

⑩ 宜蘭市 宜蘭磚瓦

　　沿著彩繪磚牆引導，來到位於巷弄小路內的磚窯廠，映入眼簾的是一字排開的傳統紅磚窯，彼此靠著排氣孔相通，最後面即是巨大的排煙煙囪，歷經多次地震、風災，迄今仍屹立不搖。此地原名為津梅磚窯，擁有百年歷史，慶幸在地方單位的維護下，現在是全臺保存最完整的磚窯，廣場前也鋪上舒適的草坪，旁邊簡短的軌道上有運輸小車，如今已變成小朋友的手推車遊樂場。

INFO
$ 免費
⌂ 宜蘭縣宜蘭市津梅路 3 巷
🚗 國 5 宜蘭交流道約 10 分鐘，備有停車場

坐在木製運輸推車上

⑪ 宜蘭市 丟丟噹森林

　　位於宜蘭火車站正門口左前方，森林裡共有九棵鐵樹，設計理念為九芎樹，象徵著宜蘭舊名「九芎城」。上方的幾米空中列車是熱門拍照景點，夜晚點燈後，呈現不同的浪漫情懷；森林後面有一座小小的溜滑梯，下面連接沙坑。旁邊的百果樹屋以紅磚砌成，裡頭是咖啡廳，除了提供飲料、餐點外，還有專人定時朗讀繪本，和播放小朋友喜愛的影片喔。

INFO
$ 免費
⌂ 宜蘭縣宜蘭市宜興路一段 236 號
🚗 火車至宜蘭站，步行 1 分鐘
ⓘ 兒童遊樂設施

1 宜蘭火車站 2 丟丟噹森林

國際知名繪本作家幾米為宜蘭人，在設計師的巧思下，這裡結合幾米著名作品《向左走 · 向右走》、《星空》及《地下鐵》等，將宜蘭火車站旁的閒置廢棄宿舍區，改造成立體繪本的藝術空間。有跟人一樣高的行李箱、趣味小屋，還有色彩繽紛的吊環，連盪鞦韆也以吊環作為裝飾喔！

INFO

$ 免費

宜蘭縣宜蘭市光復路 1 號

火車至宜蘭站，步行 2 分鐘

1 廣場一景 2 趣味小屋

宜蘭

⑬ 宜蘭市 宜蘭設治紀念館

日治時代此處原為郡守官舍，故園區呈現濃濃的日式風味，戶外庭園古木參天，尤其是一棵百年老樟樹，彌足珍貴。建築所用的建材均是當時太平山的檜木，室內裝潢以木地板、榻榻米為主，並陳列宜蘭不同時期的文物史料。充滿陽光的長廊外邊，是富有禪意的日式枯山水園林。此處也常被誤認為是金城武拍廣告的地方，其實正確地點是位於 25 公尺外的宜蘭文學館，可順道一遊。

INFO
$ 門票 30 元
🕐 9:00~17:00。公休周一、每月最後一天
📞 （03）932-6664
🏠 宜蘭縣宜蘭市舊城南路力行三巷 3 號
🚗 國 5 宜蘭交流道約 10 分鐘，備有收費停車場

3 門口外觀 4 內部展示館

⑭ 宜蘭市 宜蘭酒廠

原為民間的製酒公司，光復後經多次變更，改為菸酒公賣局宜蘭酒廠，直至今日園區已有近百年歷史，廠內還保留著日治時代的建築，酒文物館有巨大酒甕，利用問答翻板展示相關知識，展售中心販售著名稻香米酒、特級紅露酒，還有名產、在地小吃。戶外的長頸鹿、短頸鹿藝術裝置，是將廢棄的不鏽鋼 CO_2 的集散槽改造而成，旁邊的 3D 地景脫鞋後即可進入，園區後方將數量龐大的酒甕設計成獨特的牆面，吸引無數旅客駐足拍照。

INFO
$ 免費
🕐 8:00~17:00。全年無休
📞 （03）932-1517
🏠 宜蘭縣宜蘭市舊城西路 3 號
🚗 國 5 宜蘭交流道約 10 分鐘，備有停車場
ℹ️ 兒童遊樂設施

5 戶外 3D 的地景和短頸鹿藝術裝置 6 酒文物館

⑮ 宜蘭市 中山國小

　　開放式的校園內有多座特色溜滑梯，歷史最為悠久的日月星溜滑梯，高度達 2 層樓，由磨石子打造而成，因此會有點燒屁股喔；後方還有兩座普通的溜滑梯。入口處的海盜船溜滑梯人氣最高，旁邊的小竹林還恰當的擺放了一隻熊貓公仔。由於這裡附設幼稚園，所以校園一角還有適合幼兒的迷你版溜滑梯！距人氣景點幾米廣場約 500 公尺。

INFO

⌂ 宜蘭縣宜蘭市崇聖街 4 號

🚗 國 5 宜蘭交流道約 10 分鐘，路邊停車

ℹ 兒童遊樂設施

1 日月星溜滑梯 2 海盜船溜滑梯

宜蘭

　　身為臺灣的三大林場中最具生產力的太平山，早期靠著森林鐵路、蒸氣火車運送集材，羅東更一躍成為臺灣主要檜木市場，直至 1982 年才結束砍伐作業。後由林管處將此地規劃成適合大眾的休息園區，園內擁有豐富的森林資源、帶點滄桑的貯木池、廢棄的舊軌道、老式蒸氣火車等，親水木棧道旁可以近距離感受火車呼嘯而過，林場房舍則改裝為文化創意館。戶外有色彩繽紛的木製休憩桌椅、充滿童趣的檜木雕刻作品。

INFO

- $ 免費
- 🕐 6:00~21:00。全年無休
- 📞 （03）954-5114
- 🏠 宜蘭縣羅東鎮中正北路 118 號
- 🚗 國 5 羅東交流道約 8 分鐘，備有停車場

3 貯木池 4 文化創意館內的二手書店（非販賣），內有舒適閱覽空間

　　菓風小舖是臺灣知名的糖果專賣店，將日本傳統的製飴技術，結合創新趣味的包裝技術，開創獨特市場。此處原為荷蘭村的餐館，菓風小舖保留風車裝置，並以日式風情打成造糖果專賣店，內售上千樣趣味造型糖果、棉花糖、棒棒糖、巧克力、軟糖、健康果仁等單品及禮盒。假日的 DIY 手作糖一位難求，建議先電話預約喔！旁邊的水上 Monica 鬆餅咖啡廳採光明亮，是享受下午茶的好地方；戶外有生態池可餵魚。

INFO

- 💲 DIY 手作糖 100 元
- 🕐 11:00~21:00，假日提早至 10:00
- 📞 （03）923-3569
- 🏠 宜蘭縣員山鄉賢德路二段 188 號
- 🚗 國 5 宜蘭交流道約 18 分鐘，備有停車場
- ℹ️ DIY 手作糖

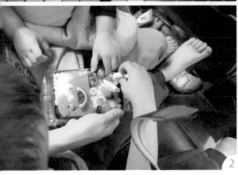

1 舒適宜人的廣場 2 糖果便當

宜蘭

⑱ 員山鄉　勝洋水草休閒農場

　　為一水草文化館，採用平行水面的建築設計，讓屋裡戶外有整體融入的感覺，非常潔淨明亮，內有介紹水草的相關知識。園區不大，最熱門的活動莫過於 DIY 生態瓶，在密封的生態罐裡，放入沙子、貝殼，注入 2/3 的水，保留 1/3 的空氣，裡頭可以養小蝦、小魚，也可直接在販賣區購買現成的生態球、日本超人氣的藻球。農場對面有水草餐廳。

3 魚池旁沒有柵欄，要小心喔 4 巨大生態球

INFO

$ 門票 100 元，可抵消費。DIY 生態瓶 250
　元、開運球 200 元，釣魚一桿 150 元

🕐 9:00~17:00。全年無休

📞 （03）922-2487

🏠 宜蘭縣員山鄉尚德村八甲路 15-6 號

🚗 國 5 宜蘭交流道約 20 分鐘，備有停車場

ℹ DIY 生態瓶

⑲ 員山鄉　波的農場　食蟲植物館

　　園區是以食蟲植物及雨林為主題的生態農場種植豬籠草、捕蠅草、毛氈苔等食肉植物，以及用心營造的雨林生態環境。入口處有巨大的豬籠草藝術裝置，還可入內拍照，好似食人植物！2F 有手掌般大的人面蜘蛛。老闆在相距 2 公里處的望龍埤旁另有經營窯烤 Pizza 豬籠寨，可以選擇現烤或親子同樂 DIY Pizza 喔！

INFO

$ 門票 100 元，可抵消費，也可購買 250 元的套票，
　包含食蟲植物影片、溫室導覽、豬籠草茶凍、筆
　筒彩繪或園藝體驗 2 選 1。DIY Pizza 250 元

🕐 9:00~18:00。公休周一

📞 （03）923-2209

🏠 宜蘭縣員山鄉枕山路 149-41 號

🚗 國 5 宜蘭交流道約 15 分鐘，備有停車場

ℹ DIY 園藝、Pizza

5 巨大的豬籠草藝術裝置 6 真實的豬籠草

　　1997 年，一場席捲全臺的口蹄疫事件，讓曾阿爸和阿母被迫放棄一手打造的養豬寮，在心念一轉下，牧場轉型為「廣興農場」。一進入園區即可看到古樸餐廳，提供平價餐點蛋炒飯、豬油拌飯等，也有適合團體的合菜；用餐區的橫梁貼著有趣的臺語古早諺語，讓人不禁會心一笑。吃飽喝足了，旁邊還有鬥智的九連環，來挑戰如何把九個圓環從一把劍全套上或卸下。

　　廣大的魚池是天然湧泉，小朋友可在此餵魚、餵鴨。可愛動物區飼養多種動物：羊、豬、兔子，也可體驗在清涼的天然湧泉撈魚、捉蝦、摸蜆！用竹子、茅草搭建的鴨母寮和豬哥窟，內有古早的蚊帳，如今已不可入住，但是可入內體驗不同的農村風情。焢土窯區旁邊還有廣大的沙坑和古早童玩：射竹劍、踩高蹺、投骰子，後方還隱藏著新成立的「藏晶閣」：一座以玻璃、琉璃為主題的工坊。DIY 有彩繪陶瓷小豬寶寶，彩繪噴沙玻璃水杯。園內在多個陰涼處設有休閒吊床，柑仔店內有大、小搖馬。

INFO

$ 門票 100 元，可抵消費。摸蜆兼洗褲 150 元／小時，DIY 活動 150 元起

🕐 9:00～18:00。公休周三

📞 （03）951-3236

🏠 宜蘭縣冬山鄉光華三路 132 巷 12 號

🚗 國 5 羅東交流道約 15 分鐘，備有停車場

ℹ️ 兒童遊樂設施、DIY 彩繪、動物農場

1 入口處 2 餐廳橫梁的臺語古早諺語 3 天然湧泉魚池 4 柑仔店
5 可愛動物區 6 鴨母寮 7 豬哥窟旁的木雕豬 8 焢土窯 9 射竹劍

㉑ 冬山鄉 幸福 20 號農場

農場的起源是一對回鄉創業的青年，精通園藝的老闆和擅長廚藝的老闆娘，將廢棄的舊豬舍改造而成。親手幫白兔、山羊和公雞家族打造可愛動物園區，農場裡還規劃一處獨角仙復育區，夏天來訪可近距離觀察獨角仙在光臘樹上攀爬。DIY 課程有窯烤 Pizza、蜜餞製作、原木筆（利用修剪果樹時取下的樹枝，再用機器注入鉛筆心，用刀片削出筆尖）等。園區設有多種投幣式的遊樂設施、黑板繪圖區。

鄉村風格的園區

INFO

$ 門票 100 元，可抵消費。套餐 280 元起，
DIY 活動 150 元起

🕐 9:00~18:00。公休周二

📞 （03）951-3771

🏠 宜蘭縣冬山鄉大進路 446 巷 20 號

🚗 國 5 羅東交流道約 22 分鐘，備有停車場

ℹ️ 兒童遊樂設施、DIY 課程、動物農場

㉒ 五結鄉 傳統藝術中心

園區位於宜蘭冬山河風景區內，占地廣闊，入口處可租借嬰兒手推車。工藝坊區有數十家別具特色的商家：木屐館、陶藝館、玻璃館、皮革館等，提供各式各樣 DIY 體驗。假日舞臺區有許多民俗技藝輪番上臺表演。展演廳內有 3D 磚瓦古城牆，旁邊有多種民族服裝、頭飾，讓旅客拍照留念。傳統小吃坊提供許多在地獨特小吃，戶外有很大的草坪跑跳區。

INFO

$ 門票 150 元。DIY 活動 120 元起

🕐 9:00~18:00。全年無休

📞 （03）970-5815

🏠 宜蘭縣五結鄉五濱路二段 201 號

🚗 國 5 羅東交流道約 10 分鐘，備有收費停車場

ℹ️ DIY 課程、哺乳室

目仔窯販售區

宜蘭

㉓ 蘇澳鎮　綠色博覽會

於每年春季在武荖坑風景區舉辦的綠色博覽會，如今已持續十幾年。園區廣植花卉，有大型藝術裝置、動物農場、親水步道、兒童遊樂設施。園區占地廣闊，入口處可租借手推車，還有免費的遊園車。期望透過博覽會，喚醒人們對土地的重視、強化環保的理念、深入全球暖化的議題，讓大家認識並了解珍惜地球資源。

兒童遊樂區

INFO
$　門票平日 150 元，假日 250 元
🕐　9:00～18:00。全年無休
📞　（03）990-5999
🏠　宜蘭縣蘇澳鎮海山西路 369 號
🚗　國 5 蘇澳交流道約 5 分鐘，備有停車場
ⓘ　動物農場、哺乳室

㉔ 蘇澳鎮　宜蘭餅發明館

劉師傅發現傳統的牛舌餅在臺灣人的心目中已有既定印象：稍厚、稍硬且黏牙，但他決定做出屬於自己的品牌，於是花了半年研發出只有 0.1 公分的超薄脆餅，並透過擔任空服員的女兒代言，讓超薄牛舌餅成為家喻戶曉的宜蘭特產。1F 販賣部以中國風打造，提供大方試吃，特牛鮮奶酥餅尤其深受小朋友喜愛，還供應免費茶水，旁邊有古早文物展示：新娘轎、木雕椅。2F 為 DIY 教室、可參觀工廠的生產線。

1 戶外廣場有鐵牛、巨大中式餅模 2 寬敞明亮的 DIY 教室

INFO
$　DIY 牛舌餅 120 元／6 片
🕐　9:00～18:00。全年無休
📞　（03）990-5999
🏠　宜蘭縣蘇澳鎮海山西路 369 號
🚗　國 5 蘇澳交流道約 5 分鐘，備有停車場
ⓘ　DIY 牛舌餅

花蓮

新城鄉
花蓮市
吉安鄉
壽豐鄉

東河鄉

臺東

　　花蓮七星潭海域因位於黑潮洋流帶上，有大量洄游肉食性魚類群聚，帶動柴魚燻焙技藝的興盛，多道繁複手續，花上數星期的工程，才能製作出約 17% 的柴魚乾，純正風味受到日本青睞。然而受東南亞大量投入捕撈作業的影響和工作過於辛勞，讓產業沒落好些年，直到 2003 年才在各方力量的集結下，成立博物館。

　　1F 以蠟像模型演示柴魚工場：長年燻煙而焦黑的壁面、低矮的建築、揮汗如雨下的工人；旁邊的海洋資源區有多種色彩繽紛海洋魚類，還可體驗觸摸海星。鯖科魚類包括鯖魚、鰹魚、鮪魚等，都是製作柴魚的主要魚類，2F 利用魚模型來表達柴魚製作種類的選擇，曼波魚室介紹花蓮特產曼波魚，成熟母魚可產下高達 3 億多顆的魚卵，牆壁上還繪有可愛的曼波魚身高比例尺，小朋友來比一比自己長多高了呢？3F 復古的裝潢，忠實呈現余老闆白手起家的故事，販賣部銷售多種獨特的海鮮味食品，入口處旁有許多道地海鮮料理攤販，用餐區的桌椅也以船為造型。由博物館後門步行 5 分鐘即可到達月牙形海灣的七星潭，岸邊有大大小小圓潤的石礫，備有淋浴設備，也常可見正在進行捕魚作業的漁船。

INFO

- $ 門票 50 元，30 元可抵消費
- ⏰ 9:00～19:00，假日提早至 8:00
- 📞（03）823-6100
- ⌂ 花蓮縣新城鄉七星街 148 號
- 🚗 距北埔火車站約 8 分鐘車程，路邊停車
- ℹ DIY 章魚燒 & 柴魚刨片、哺乳室

1 入口處的旅遊大地圖 2 園內處處可見高掛的鯉魚旗 3 體驗觸摸海星 4 余老闆肖像 5 2F 低矮的廊道

② 吉安鄉 知卡宣森林公園

　　原為日治時代的空軍基地，後由政府規劃廣植綠蔭，如今已是花團錦簇的公園。「知卡宣」為阿美族語，意思為「薪材甚多」，也是吉安鄉的舊名。顯眼的入口有如童話般的城堡，園內有多樣適合兒童的遊樂設施：木板迷宮、綠叢迷宮、多座特色溜滑梯、地景動物、碉堡、運動器材，還有酒甕橋、水生植物園、巨大蜻蜓模型、十二生肖主題垃圾桶等，夏天並開放戲水。園區占地廣闊，步道平緩，很適合手推車，或可在此練習騎腳踏車。

INFO

- \$ 免費
- ⏰ 8:00~17:30。全年無休
- 📞 （03）823-3575
- 🏠 花蓮縣吉安鄉中正路二段 299 號
- 🚗 距吉安火車站約 8 分鐘車程，花蓮監理站正對面，路邊停車
- ℹ️ 兒童遊樂設施、哺乳室

1 城堡般的入口 2 迷宮

花東

❸ 吉安鄉 吉安慶修院

　　花蓮吉安鄉在日治時期為大批日本人移民的主要據點，慶修院除了是日本人的信仰中心，更具備醫療、喪葬等各種功能。建築物外形主要遵循日本傳統高野山脈寺院的形式，四周種植花草樹木，還有雅致的池塘，在日本戰敗撤離後，改由當地居民接手管理，正堂改奉釋迦牟尼佛及觀音菩薩，還有代表 88 種煩惱的 88 尊佛像。入口處有小巧精緻的手水舍，為民眾參拜前潔淨身體；商品店有販售冰淇淋、日本淨身小物。

INFO

- $ 門票 30 元，可抵消費
- 🕐 8:30~17:30。公休周一
- 📞 （03）852-9905
- ⌂ 花蓮縣吉安鄉中興路 345-1 號
- 🚗 距吉安火車站約 6 分鐘車程，路邊停車

3

4　3 入口處 4 正堂

④ 吉安鄉　鬱金香花園城堡

　　老闆多次遠赴荷蘭研究，讓來自溫帶的鬱金香也能順利在臺灣平地種植，並於每年農曆春節前後開花，且依四季廣植不同草花，還有歐式城堡供應香草餐，食材取自本園的有機香草，城堡內也提供住宿。園內設有投幣式兒童遊樂設施：音樂旋轉木馬、遊園小火車，還有羊咩咩農場，旁邊的池塘可餵魚。

INFO
- $ 套餐 250 元起
- 🕐 自由開放，餐廳 10:00～21:00
- 📞 （03）851-1111
- 🏠 花蓮縣吉安鄉吉興二街 330 號
- 🚗 距吉安火車站約 6 分鐘車程，備有停車場
- ℹ️ 兒童遊樂設施、動物農場

1 池塘餵魚 2 鬱金香

⑤ 花蓮市　文化創意產業園區

　　園區前身為花蓮舊酒廠，是為提供米酒發酵用的工廠，後由文建會規劃，將日式風格的倉儲改為文創園區。常設展保留製酒儀器、平日工作器物，還有一些文創商店進駐，館內的木工商店一隅提供兒童積木。狹長的多功能走道則設有 3D 地景藝術，廣場上也有大型裝置藝術，都很適合拍照。園區後方則改為小酒吧。

INFO
- $ 免費
- 🕐 11:00～21:00。公休周一
- 📞 （03）831-0996
- 🏠 花蓮縣花蓮市中華路 144 號
- 🚗 距花蓮火車站約 8 分鐘車程，備有停車場
- ℹ️ 哺乳室

3 廣場上有裝置藝術 4 館內商店一隅提供兒童積木

花蓮漁港旁的「鳥踏石廣場」，由漁會收回經營，將港務局的舊房舍改造成色彩繽紛的「向日廣場」。精心設計的廣場內，有各式農漁特產專店、平價食坊、高檔餐廳、特色伴手禮、咖啡館、魚鬆專賣店，平日工廠作業時間還可看到魚板、黑輪的製作過程。後方噴水池有座巨大鯨魚，緊鄰在側的是碼頭停泊站，可見船隻進進出出。此處也是觀日出的人氣場所喔！

INFO

- 🕐 各店營業時間不盡相同，約 10:00～19:00
- 🏠 花蓮縣花蓮市港濱路 35-1 號
- 🚗 距花蓮火車站約 18 分鐘車程，備有停車場

5 6

5 從登高樓俯瞰 2 層樓的向日廣場 6 大鯨魚噴水池

台肥海洋深層水園區占地廣闊，前方廣場有生態池，旁邊有足療 SPA。662 食堂的石斑、蝦，皆以深海 662 公尺的海水所養殖，為高檔料理。再往後方驅車 3 分鐘可到達海礦探索館，可以參觀海水淡化、瓶裝水製作過程，2F 設有深層水造型塔，讓遊客觸摸 9.5℃ 冰涼的深層海水，也可體驗 DIY 豆花：1 公升的豆漿，只要加上 6 c.c. 的鹽鹵，就可以輕鬆製成豆花、豆腐！

1 深層水造型塔 2 生態池

INFO

- $ 662 食堂 1,000 元／人，DIY 豆花 150 元
- 🕘 9:00~17:00。全年無休
- 📞 （03）823-6633
- 🏠 花蓮縣花蓮市華東 15 號
- 🚗 距花蓮火車站約 12 分鐘車程，備有停車場
- ℹ️ DIY 課程

是東部境內最大內陸湖泊，遊客可以租船悠遊於湖光山色中。乘艇分快艇、小船、腳踏船，也可以租自行車繞行環潭步道，路程大約 5 公里，沿途有涼亭可供休息。入口處的遊客中心內部有展示周邊生態，湖邊綠地盎然的草坪也是露營的熱門場所。

鯉魚潭

INFO

- $ 乘艇 200 元起
- 📞 （03）864-1691
- 🏠 花蓮縣壽豐鄉池南村一段 27 號
- 🚗 距平和火車站約 10 分鐘車程，備有停車場
- ℹ️ 哺乳室

花東

⑨ 東河鄉 登仙橋遊憩區

過往的泰源幽谷路途上，可見泰源村入口處有大大小小獼猴的雕像，原來此處有大量野生獼猴出入，這裡的猴子不僅不怕人，還會主動搶食，但切記不能隨意餵食，除了容易被攻擊外，更是非法行為喔。此處也可一覽優雅的登仙橋舊橋，有如長虹般橫跨馬武窟溪；名聲遠播的東河包子（東河村 135 號）距此只需驅車 8 分鐘而已。

INFO

$ 免費

臺東縣東河鄉泰源村東富公路的入口

泰源村入口即是，有很明顯的猴子地標

ⓘ 野生動物

哪個才是真的獼猴呢？

⑩ 東河鄉 東河部落

有如祕境般的東河部落屋，建造於馬武窟溪河口上方臺地，坐覽美麗河口風光。提供划竹筏、民宿、原住民海洋風味餐的服務。可穿上救身衣划竹筏，順著柔順的碧綠河水，悠遊在白色巨石間，一覽無遺的出海口，是個非常特別的體驗。民宿以竹編搭建，戶外還有隨風搖擺的椰子樹，充滿南洋風情。

INFO

$ 划竹筏 250 元／人，風味餐 1,500 元／5 至 8 人，須預訂

🕐 6:00～17:00。全年無休

📞 （089）896-183

🏠 臺東縣東河鄉東河村

🚗 臺 11 線 131.5 公里處轉入小路

3 竹編部落屋 4 划竹筏

國家圖書館出版品預行編目資料

小腳ㄚ遊臺灣：親子同行樂活旅遊 / 劉芷溱著. --
初版. -- 臺北市：華成圖書，2015.10
　面；　公分. --（自主行系列；B6173）
ISBN 978-986-192-259-1（平裝）

1. 臺灣遊記 2. 親子

733.6　　　　　　　　　　　　　104016725

自主行系列　　B6173

小腳ㄚ遊臺灣 　親子同行樂活旅遊

作　　　者／劉芷溱

出版發行／華杏出版機構

華成圖書出版股份有限公司
www.far-reaching.com.tw
11493台北市內湖區洲子街72號5樓（愛丁堡科技中心）
戶　　名　華成圖書出版股份有限公司
郵政劃撥　19590886
e-mail　huacheng@farseeing.com.tw
電　　話　02-27975050
傳　　真　02-87972007
華杏網址　www.farseeing.com.tw
e-mail　fars@ms6.hinet.net
華成創辦人　　郭麗群
發　行　人　　蕭聿雯
總　經　理　　熊芸
法律顧問　　蕭雄淋‧陳淑貞

總　編　輯　　周慧琍
企劃主編　　蔡承恩
企劃編輯　　林逸叡
執行編輯　　袁若喬
美術設計　　陳琪叡
印務專員　　何麗英

定　　價／以封底定價為準
出版印刷／2015年10月初版1刷
　　　　　2016年 1月初版2刷

總　經　銷／知己圖書股份有限公司
　　　　　　台中市工業區30路1號　　電話　04-23595819　　傳真　04-23597123

☺讀者回函卡

謝謝您購買此書，為了加強對讀者的服務，請詳細填寫本回函卡，寄回給我們（免貼郵票）或 E-mail至huacheng@farseeing.com.tw給予建議，您即可不定期收到本公司的出版訊息！

您所購買的書名/_____ 購買書店名/_____

您的姓名/_____ 聯絡電話/_____

您的性別/□男 □女　　您的生日/西元_____年____月____日

您的通訊地址/□□□□□_____

您的電子郵件信箱/_____

您的職業/□學生 □軍公教 □金融 □服務 □資訊 □製造 □自由 □傳播
　　　　□農漁牧 □家管 □退休 □其他

您的學歷/□國中（含以下） □高中（職） □大學（大專） □研究所（含以上）

您從何處得知本書訊息/（可複選）

□書店 □網路 □報紙 □雜誌 □電視 □廣播 □他人推薦 □其他

您經常的購書習慣/（可複選）

□書店購買 □網路購書 □傳真訂購 □郵政劃撥 □其他_____

您覺得本書價格/□合理 □偏高 □便宜

您對本書的評價（請填代號/ 1.非常滿意 2.滿意 3.尚可 4.不滿意 5.非常不滿意）

封面設計_____ 版面編排_____ 書名_____ 內容_____ 文筆_____

您對於讀完本書後感到/□收穫很大 □有點小收穫 □沒有收穫

您會推薦本書給別人嗎/□會 □不會 □不一定

您希望閱讀到什麼類型的書籍/_____

您對本書及我們的建議/

華杏出版機構

華成圖書出版股份有限公司　收

11493台北市內湖區洲子街72號5樓（愛丁堡科技中心）
TEL/02-27975050

（沿線剪下）

（對折黏貼後，即可直接郵寄）

☺ 本公司為求提升品質特別設計這份「讀者回函卡」，懇請惠予意見，幫助我們更上一層樓。感謝您的支持與愛護！

www. far-reaching. com. tw　　請將　B6173　「讀者回函卡」寄回或傳真 (02) 8797-2007